음식 속에 담긴 세상을 배우다

청소년을 위한
음식의 사회학

음식 속에 담긴 세상을 배우다

청소년을 위한 음식의 사회학

1판 1쇄 발행 2016년 5월 12일
1판 12쇄 발행 2023년 8월 1일

지은이 폴라 에이어 **그린이** 이라 올레니나 **옮긴이** 김아림

펴낸이 윤상열 **기획편집** 최은영 김민정
디자인 최미순 **마케팅** 윤선미 **경영관리** 김미흥
펴낸곳 도서출판 그린북
출판등록 1995년 1월 4일(제10-1086호)
주소 서울 마포구 방울내로11길 23 두영빌딩 302호
전화 02-323-8030~1 **팩스** 02-323-8797
블로그 greenbook.kr **이메일** gbook01@naver.com

Foodprints: The Story of What We Eat

ISBN 978-89-5588-318-3 43300

* 파손된 책은 구입하신 곳에서 바꿔 드립니다.

음식 속에 담긴 세상을 배우다

청소년을 위한
음식의 사회학

폴라 에이어 글 · 이라 올레니나 그림 · 김아림 옮김

그린북

차 례

들어가기

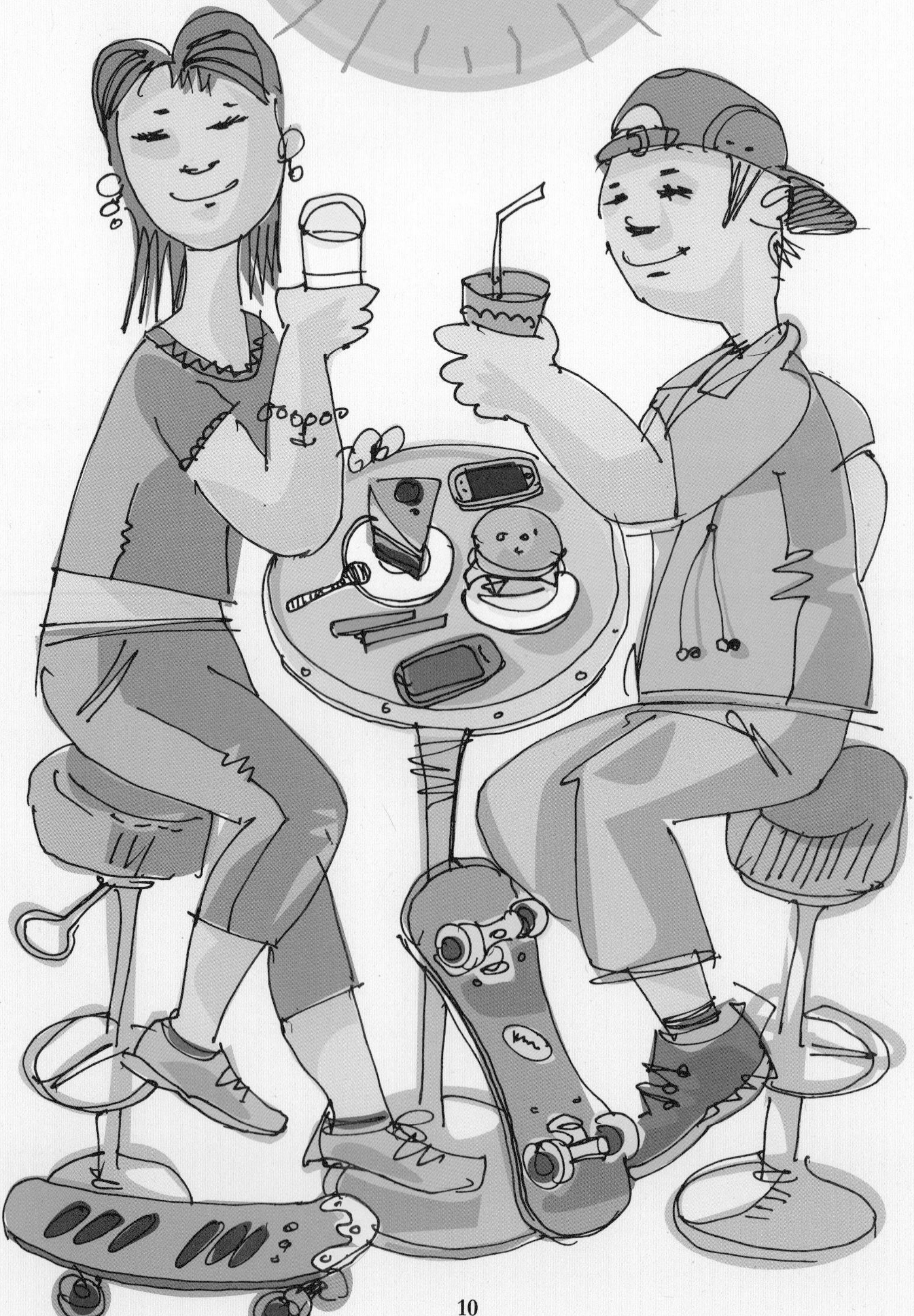

'**음**식' 하면 무엇이 떠오르나요? 아빠가 좋아하는 삼겹살, 엄마가 부글부글 끓여 주는 김치찌개, 아니면 학교 수업 끝나고 먹는 떡볶이? 떠오르는 음식이 무척 많지만 우리는 중요한 질문을 떠올릴 필요가 있습니다.

"왜 먹는가?"

굉장히 쉬운 질문이지요? 맛있으니까, 배가 고프니까 우리는 음식을 먹습니다. 하지만 과연 이뿐일까요? 사실 식탁 위에 오르는 모든 음식들은 저마다 이야기를 갖고 있지요. 어딘가에서 출발한 음식은 우리에게 오기까지 흥미로운 여행을 거칩니다. 이런 여행은 수백 수천 년 전으로 거슬러 올라갈 때도 있습니다. 인류의 조상들이 처음으로 땅에 씨앗을 뿌렸을 그때로 말이지요. 음식 여행의 이야기 속에는 많은 사람들이 등장해요. 처음 씨를 뿌려 키워 낸 농부, 더 좋은 품종으로 개량한 과학자, 상품으로 가공하는 노동자, 상품을 판매하는 회사, 그리고 이것으로 요리를 해서 먹는 우리까지. 이처럼 음식 여행의 이야기는 여러 가지 구성 요소와 함께 다양한 문화와 대륙에 걸쳐 펼쳐집니다. 사람들의 결정이나 예상하지 못한 사건이 일어나서 내용이 복잡해지기도 하지요. 누군가의 부엌에 있는 음식을 보면 그 사람이 어느 지역 출신이고 어디에 사는지, 문화와 전통은 물론이고 어떤 음식을 좋아하는지, 음식에 얼마나 많은 돈을 쓰는지에 대해서도 알 수 있습니다. 이는 음식에 가치를 얼마나 부여하는지도 알 수 있다는 의미입니다.

오늘날에는 선택의 폭이 넓어져서 어느 때보다도 다양한 음식을 맛볼 수 있습니다. 부모 세대보다도 훨씬 더 다양한 음식을 맛보고 있지요.

과거 부모 세대는 쌀, 감자, 채소가 주식이었지만, 오늘날 청소년들은 파스타와 햄버거 등 다양한 음식을 접하고 있으니까요. 또한 다양한 식재료를 쉽게 접할 수 있으며, 전 세계 여러 문화권에서 가져온 음식을 맛볼 수 있습니다.

이렇듯 먹거리에 대해 생각할수록 다음과 같은 질문이 머릿속에 떠오를 거예요. 우리가 먹는 음식은 어디에서 왔을까? 어떻게 만들어졌을까? 우리를 건강하게 해 줄까? 이 음식을 선택한 이유는 무엇일까?

오늘날 우리는 먹거리에 대한 정보를 충분히 접하며 살고 있습니다. 다양한 광고와 재료 및 음식 포장지에 적힌 영양소 표기, '최고의 음식, 최악의 음식'에 대한 인터넷 게시물 등을 통해서 말이지요. 하지만 이런 정보들은 신뢰성이 떨어질 때도 많아 어떤 것을 믿어야 할지 판단하기가 어렵습니다. 이 책에서는 우리가 무엇을 먹어야 하는가에 대한 질문에는 대답해 줄 수 없지만, 대신 음식 속에 담긴 이야기를 읽어 내는 도구를 제공해 줄 것입니다.

다음과 같은 내용들을 살펴보며 우리가 먹는 음식이 어디에서 왔는지, 어떤 음식이 중요한지, 무엇을 먹을지에 대해 제대로 알고 결정할 수 있도록 말이지요.

❋ 음식을 가공하고 운송하는 오늘날의 편리한 체계는 어떻게 발전해 왔으며 얼마나 더 발전할까? 그리고 우리의 삶을 더 낫게 해줄까?

❋ 우리가 먹는 음식이 생산되는 대형 농장이나 공장은 어떤 역할을 할까?

❋ 건강해진다는 것은 무슨 뜻일까? 우리는 어떤 영양 정보를 믿어야 할까?

❋ 음식에 대한 과학적 지식은 어떤 것이 있을까? 오늘날 과학자들이 음식 가공 체계에서 농부들만큼이나 중요한 이유는 무엇일까?

❋ 음식은 어떻게 판매될까? 광고주들은 왜 그토록 10대 청소년들의 마음을 얻고자 노력할까?

❋ 음식의 미래를 바람직한 방향으로 이끌려는 사람들은 어떤 일을 할까? 그리고 그 노력에 동참하려면 무엇을 해야 할까?

우리 곁에는 엄청나게 넓은 음식의 세계가 펼쳐져 있습니다. 이 세계는 조금 혼란스럽지만 무척 흥미롭지요. 이 책 속의 음식 이야기는 음식의 세계를 제대로 이해하는 첫 발자국이 될 거예요.

1장

음식은
어떻게
시작되었나

지금부터 2만 년 전으로 거슬러 올라가 볼까요? 그때는 배고플 때 들어가서 간단히 배를 채울 수 있는 패스트푸드점도 없었고, 슈퍼마켓도 없었지요. 심지어 땅에 작물을 심고 기르는 법조차 몰랐답니다. 그렇지만 음식은 당시 사람들의 삶에서도 가장 중요한 요소였어요. 사람들은 활동하는 시간에는 늘 음식을 구하러 다녔습니다. 동물을 사냥하고 물고기를 잡으며, 식물의 뿌리나 잎, 열매, 때로는 곤충도 찾아 다녔어요 음식을 구하고 나면 식물은 물로 깨끗이 씻고, 동물은 내장을 제거한 다음 껍질을 벗기고, 탕탕 두드려 부드럽게 만들어 먹을 수 있도록 손질했습니다. 이처럼 힘겨운 노력 끝에 겨우 음식을 얻을 수 있었지요. 때로는 아무리 노력해도 음식을 얻지 못하고 굶주려야만 하는 상황이 오기도 했답니다.

이제 오늘날의 슈퍼마켓을 상상해 보아요. 고개를 돌리면 어디에나 잘 익은 과일과 채소 더미, 깔끔하게 손질하여 포장한 고깃덩어리, 다양한 상품들이 쌓여 있는 것을 볼 수 있습니다. 우리는 식품 코너를 돌아다니며 마음에 드는 것들을 고르고, 바코드 인식기에 상품을 찍고, 지갑을 열어 돈을 내기만 하면 가져올 수 있지요.

먼 옛날 사람들이 이런 모습을 보면 몹시 놀라 눈이 휘둥그레질 거예요. 불과 100년 전까지만 해도 사람들은 먹거리 대부분을 직접 길렀고, 포장 식품은 사치품이었으니까요. 오늘날 우리가 음식을 얼마나 쉽게 얻는지 생각해 보면, 정말로 놀라운 발전을 이뤘다는 걸 깨닫게 됩니다.

그러면 인류의 식문화는 어떻게 이토록 발전할 수 있었을까요?

원시인들은 무엇을 먹었을까?

약 3백만 년 전 아프리카에 등장한 최초의 인류 오스트랄로피테쿠스는 주로 식물을 먹었습니다. 인류학자들은 이들의 치아를 통해 과일이나 견과류, 잎, 벌레를 주로 먹고 살았으며 가끔 작은 새나 도마뱀, 쥐도 잡아먹었다는 사실을 알아냈어요. 이들은 쉴 새 없이 신선한 음식을 찾아다녀야 했습니다. 음식을 보존하거나 저장하는 방법을 몰랐기 때문이지요.

그 뒤 새롭게 등장한 인류 호모 하빌리스는 작은 포유류나 죽은 새를 발견하면 잡아서 식물에 곁들여 먹기도 했습니다. 더 진화한 인류 호모 에렉투스는 사슴이나 코뿔소 같은 동물을 사냥해서 먹었지요. 그리고 또다시 진화해 나온 호모 사피엔스는 식량을 구하기 위해 마침내 아프리카를 벗어나 아시아, 유럽, 오스트레일리아, 아메리카 대륙 등 전 세계로 퍼져 나갔습니다. 이 무렵에는 불을 피우는 방법도 알아내 날것으로는 소화시킬 수 없었던 식물의 잎이나 줄기, 뿌리까지도 요리해 먹기 시작했어요. 그러자 먹을 수 있는 음식의 수도 늘었지요. 그뿐만 아니라 불로 고기를 익혀 먹기 시작하면서 세균 걱정 없이 음식을 저장할 수 있게 되었습니다.

수십만 년 동안 사람들은 동물을 사냥하거나 물고기를 잡고, 먹을 수 있는 식물 잎이나 줄기, 열매들을 찾아다녔습니다. 그러다 약 1만 2천 년 전, 상황이 완전히 바뀌었습니다.

석기 시대 사람들은 무엇을 먹고 살았을까요?
먹을 수 있을 듯한 건 뭐든지 먹었답니다.
동물 내장부터 질긴 풀, 파피루스, 코뿔소, 커다란 쥐에
코모도왕도마뱀까지 말이에요!

요리를 통해 진화하다

초기 인류를 연구하는 과학자 가운데 몇몇은 인간의 진화 과정에서
음식을 요리해 먹기 시작한 일이 매우 중요한 단계였다고 말합니다.
왜 그럴까요? 우리가 음식을 익히지 않고 날로만 먹는다면 무척
많은 양을 먹어야만 우리의 몸이 에너지을 얻을 수 있습니다. 예컨대
익히지 않은 셀러리를 씹어 먹는다고 하면 섭취한 셀러리가 우리 몸에
주는 에너지보다 그것을 씹고 소화시킬 때 드는 에너지가 조금 더
많습니다. 그래서 셀러리를 '음의 에너지 음식'이라고 부르기도 하지요.
어떤 과학자의 계산에 따르면 식재료를 요리하지 않고 그대로 먹었던
원시인들은 두뇌가 제대로 돌아갈 만큼의 에너지를 얻으려면 하루에
9시간은 음식을 먹어야 했을 거라고 하네요.

그런데 요리를 하면 음식이 부드러워져 우리 몸은 음식을 소화하기가
훨씬 쉬워지지요. 요리가 인간의 식생활에서 점점 큰 비중을 차지하면서
그동안 익히지 않은 잎이나 뿌리를 잘근잘근 씹느라 소비했던 에너지를
두뇌가 더 커지고 똑똑해지는 데 쓸 수 있게 되었습니다.

농사를 시작하다

지금으로부터 1만 1천7백 년 전, 마지막 빙하기가 끝날 무렵부터 인류는 농사를 짓기 시작했습니다. 처음으로 인류는 야생에서 찾을 수 있는 식재료에 기대지 않고 먹을 수 있는 식물을 키우기 시작한 것이지요. 초기의 농업 활동이 이루어진 농업 중심지는 '초승달 지대'였습니다. 이곳은 페르시아 만에서 지중해로 이어지는 반원형 땅입니다. 이 지역에는 건조한 사막이 있었지만 산맥과 늪, 강이 함께 있었고, 당시에는 기후도 오늘날처럼 덥지 않고 따뜻했기 때문에 다양한 종류의 식물이 잘 자랄 수 있었지요.

하지만 이러한 변화가 갑자기 이루어진 것은 아닙니다. 초기의 인류도 불을 사용해서 흙에 영양분을 더해주거나 과일이나 견과류가 열리는 나무를 키우며 자신들이 먹을 식량을 마련하고는 했습니다. 수백, 수천 년이 지나는 동안 인류는 이러한 기술을 서서히 더 나은 방식으로 발전시켰지요.

야생에서 자라던 양, 소, 염소 같은 동물을 사냥하던 인류는 더 이상 힘들게 사냥하지 않고 가축을 직접 키우기 시작했어요. 콩을 비롯한 보리, 쌀, 밀 등의 작물도 씨앗을 뿌려 재배했지요. 이렇게 식량을 마련하는 기술을 알아내자 인류는 더 좋은 식량을 얻기 시작했습니다. 더 키우기 수월한 동물이 무엇이고, 수확하기 쉬운 곡식이나 과일, 채소가 무엇인지, 더 크고 맛 좋게 만들기 위해 어떻게 해야 하는지 같은 지식을 바탕으로 말이에요.

식량 자원이 풍부한 지역에서 농업이 발달하는 것은 당연했습니다. 사람들은 사냥하거나 채취할 식량이 충분하지 않을 때를 대비해 식물이나 동물을 길렀지요. 그 뒤 수천 년 동안 농경 기술은 전 세계로 퍼져 나갔고, 독자적으로 기술을 터득하기도 했습니다. 하지만 모두가 그런 것은 아니었어요. 예컨대 북아메리카 남서쪽과 동쪽에 살던 부족들은 이미 1만 1천 년 전부터 호박이나 옥수수 같은 작물을 재배했지만 다른 곳에서는 여전히 사냥이나 채취에 의존해 식량을 얻었지요. 1500년대까지도 아메리카 대륙과 오스트레일리아, 아프리카와 아시아 일부에서는 사냥이나 채취를 하는 무리가 꽤 큰 규모로 존재했습니다.

시간이 좀 더 흐르자 식량을 재배하는 기술은 더욱 발전했습니다. 괭이나 부지깽이 같은 도구로 땅을 갈았고, 흙에 씨앗을 뿌리는 데 가축을 활용했지요. 사람들은 흙을 더 기름지게 만들기 위해 여러 작물을 한 땅에 돌려 짓는 법을 터득했고, 거름 같은 천연 비료를 사용했으며, 물을 대기 위해 관개법도 개발했어요. 이 모든 방법은 식량 생산량을 늘리는 데 큰 영향을 주었습니다. 그뿐만 아니라 사람들은 땅을 파 움막을 만들거나 곡물 저장고를 만들어 동물로부터 식량을 보호하고 식량에 곰팡이가 피는 걸 막았어요.

우연히 발견한 밀!

맛있는 빵, 파스타, 과자가 없다면 어떨까요? 아마도 견디기가 꽤 힘들 거예요. 하지만 오래전 인류의 조상들은 그렇게 살았답니다. 맛 좋고 기분을 좋게 해 주는 음식을 먹고 싶어도 고작 풀죽 한 그릇이나 야생 멧돼지 다리가 전부였지요. 그러다가 밀을 재배하기 시작했어요. 밀은 인간이 처음으로 기르기 시작한 곡물인데, 그 뒤 인류의 삶과 떼려야 뗄 수 없는 중요한 존재가 되었습니다.

밀이 이처럼 우리의 삶에서 필수적인 작물이 된 것은 우연의 결과였습니다. 어떻게 된 일이냐고요? 야생 밀은 다 자라면 낟알이 땅에 떨어집니다. 그래야 다음 해에 그 씨앗이 다시 자라날 수 있기 때문이지요. 하지만 사람들이 재배하는 밀은 수확하기 쉽도록 낟알이 줄기에 붙어 있습니다. 이는 사람들의 손이 가지 않으면 스스로 번식할 수 없다는 의미이지요. 과학자들은 야생 밀과 재배용 밀이 왜 다른지 연구했고, 인간이 밀을 재배하기 시작할 바로 그즈음 우연히 야생 밀이 무작위로 유전자 돌연변이를 일으켰을 거라는 결론에 이르렀어요. 옛날 농부들이 쉽게 수확할 수 있는 돌연변이 씨앗을 다시 심지 않았다면 오늘날 우리가 먹는 밀은 존재하지 않았을지도 몰라요. 하지만 농부들은 운 좋게 돌연변이 씨앗을 다시 심었고, 이 씨앗은 오늘날 우리가 먹는 밀의 조상이 되었습니다.

진화 과정에서 인류의 몇몇 무리가
우연히 일으킨 유전자 돌연변이 덕분에
인간은 밀이나 쌀 같은 녹말 성분이나
우유 등을 배앓이를 하지 않고도
소화할 수 있게 되었습니다.

21

농업이 만들어 낸 도시

작물을 재배하기 시작하면서 사람들은 더 이상 다음 끼니를 구하러 이곳저곳을 돌아다닐 필요가 없어졌습니다. 대신에 한 자리에 정착해야만 했지요. 농사를 지어야 했기 때문입니다. 그 결과 농사가 잘 되는 땅 주변에 공동체 마을이 생기기 시작했어요. 그리고 도시도 생겨났습니다. 농경이 없었다면 도시도 존재하지 않았겠지요.

기원전 4천 년경 사람들은 보리, 밀, 사과, 자두, 포도와 같은 농작물을 재배

돌려짓기의 탄생

초기 농부들은 농작물 '돌려짓기'라는 기술을 사용했습니다. 돌려짓기란 한 해의 일정 기간씩 같은 밭에 각기 다른 농작물을 번갈아 재배하는 걸 말해요. 일반적으로 곡물류는 자라면서 흙에서 질소를 빨아먹는데, 렌틸콩 같은 콩과 식물은 오히려 흙에 질소를 더합니다. 이 두 가지 작물을 번갈아 재배하면 흙 속의 영양분이 고갈되지 않고, 땅을 계속 쓸모 있게 유지할 수 있지요.

고대 시리아 사람들은 기원전 8천 년부터 돌려짓기의 형태를 응용했습니다. 그것이 우연인지, 의도한 것인지는 알 수 없지만 말이에요. 훗날 로마와 중동 지방의 농부들은 '삼포식 농법'을 사용했습니다. 밭을 세 부분으로 나누어 1번 땅에는 곡물류를 심고, 2번 땅에는 콩과 식물을 심으며, 3번 땅은 아무것도 심지 않고 내버려 둡니다. 이 1~3번의 순서를 해마다 돌려가며 하는 방식이 바로 삼포식 농법이에요.

하고 있었어요. 당시 사람들에게 곡물 수확은 가장 중요한 일이었습니다. 또한 고기와 젖을 얻기 위해 가축도 길렀습니다. 당시 도시 인구의 절반 이상이 이런 초기 식품 산업에 종사했다고 할 수 있어요. 특히 농업 활동의 중심에는 사원이 있었는데, 사원에서 도시의 관리자들이 수확량을 정하고 신에게 곡물을 바쳐 시민들에게 마음의 평화를 주었기 때문입니다.

도시가 커지자 사람들이 유입되면서 식량 생산량도 늘어났습니다. 이집트, 이라크, 중국, 인도, 유럽에서는 도시 중심지에 사는 인구의 수가 수십만 명으로 치솟았지요. 기원후 1세기가 될 무렵, 로마는 1백만 명의 사람들이 사는 인류

농업은 여러 가지로 현대 문명의 발전에 아주 큰 역할을 했습니다.
심지어 글쓰기의 발전까지도 이끌었지요. 농업이 발전하면서
곡물의 양이나 가축의 생산량을 기호로 기록해야 했기 때문이에요.

역사상 가장 큰 도시가 되었습니다. 그러자 이 많은 인구가 먹을 식량의 공급에 문제가 생기기 시작했지요. 양파, 무화과, 포도 등은 근처 농촌에서 실어 올 수 있었습니다. 닭, 칠면조 등의 가금류를 포함한 살아 있는 동물들도 도시 바깥에서 가져 와 도축해서 팔았습니다. 하지만 1백만 명이 먹을 만큼의 식량을 수레에 싣고 포장도 되지 않은 울퉁불퉁한 길을 따라 운송하기는 쉽지 않았습니다. 로마가 바다와 가까워서 북아프리카나 중동, 유럽의 다른 해안 지역에서 바다를 통해 곡물을 수입할 수 있었던 것은 그나마 다행이었지요.

사실 로마 인들이 지중해 연안의 유럽 대부분을 장악하며 로마 제국을 건설하게 된 계기 중 하나가 식량이었습니다. 곡물 자원을 얻기 위해서는 다른 도시를 정복해야만 했거든요. 이렇게 한 도시의 식량 부족이 다른 도시 또는 국가의 정치와 환경, 경제에 영향을 주었고, 때로는 폭력 사태까지 벌어지기도 했습니다. 그 당시에 식량은 그만큼 중요한 사회적 활동의 핵심이었지요.

콜럼버스의 '음식' 교환

오늘날 우리는 프랑스 음식을 먹을지, 태국 음식을 먹을지, 멕시코 음식을 먹을지 고민하고는 합니다. 이처럼 서로 다른 문화권 사이에서 식재료와 음식을 교환하는 일은 이미 수백 년 전부터 이루어졌습니다. 이러한 음식 교류는 나아가 전 세계적인 교역이 이루어진 계기가 됐지요. 예컨대 유럽이 아시아와 교역하려는 목적은 검은 후추와 계피, 정향 같은 향신료를 얻기 위해서였습니

다. 또 유럽 인들은 아시아를 향해 동쪽으로 뱃길을 개척하다가 우연히 아메리카 대륙을 '발견'하기도 했습니다.

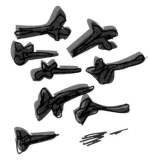

'신세계'로 불리던 아메리카 대륙을 발견하자 유럽 탐험가들과 이주민들은 사과, 오렌지, 바나나, 커피, 밀, 쌀 등 다양한 종류의 음식을 전했습니다. 또한 그동안 유럽에 전해지지 않았던 아메리카 대륙의 특산물인 옥수수, 감자, 토마토 등을 고향에 가져오기도 했습니다. 음식의 세계화가 시작된 것이지요. 이러한 작물의 교환을 아메리카 대륙을 발견한 탐험가 크리스토퍼 콜럼버스의 이름을 따 '콜럼버스 교환'이라고 부릅니다. 오렌지가 나지 않는 미국, 감자가 나지 않는 아일랜드, 토마토가 없는 이탈리아가 상상이 되나요? 실제로 콜럼버스 교환이 일어나기 이전에는 그랬답니다. 참 재미있지요.

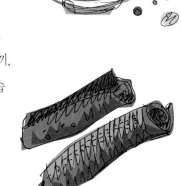

또한 유럽 인이 도착하기 전까지 아메리카 원주민들은 동물을 식용으로 기른 적이 없고 사슴이나 토끼, 들소 같은 야생 동물을 사냥해서 식량으로 사용했습니다. 하지만 유럽 인들은 소, 돼지, 닭 같은 길들인 '식량'을 아메리카 대륙에 가지고 갔으며, 말을 운송 수단으로 활용하는 혁명적인 모습도 보여 주었습니다.

농업에 혁명이 일어나다!

하지만 18세기 후반 산업 혁명이 일어나면서 식량 생산에 다시 한 번 큰 변화가 생겼습니다. 일정한 간격으로 씨를 뿌려 주는 파종기나 밭을 가는 쟁기와 트랙터, 곡물을 수확하고 낟알을 떼어 내는 콤바인 수확기와 탈곡기 등이 등장했고, 농부들은 이전보다 힘을 덜 들이고 농사를 짓기 시작했지요. 그러자 농사일의 속도나 규모가 획기적으로 늘어났습니다.

1800년대에는 유럽과 북아메리카 대륙 전역에 걸쳐 철길이 놓이면서 식량의

얼음 배달합니다! 냉장고가 발명되기 전에는 우유나 버터 같은 신선한 식재료를 상하지 않게 하기 위해 얼음 상자라고 불리는 단열 상자를 사용했습니다. 매일 얼음 파는 사람이 집집마다 돌아다니며 새 얼음을 채워 주었지요. 또한 식량을 차갑게 보관하기 위해 지하실, 동굴 등을 활용하거나 상자에 넣어서 강이나 개울물에 담가 놓기도 했어요.

운송 방식 또한 극적으로 바뀌었습니다. 곡물과 가축을 거리가 먼 지방까지 옮길 수도 있었지요. 그리고 1800년대 후반에는 냉동칸이 있는 철도 차량이 등장함에 따라 농산물이나 고기, 유제품 같이 쉽게 상하는 식량까지도 먼 거리로 운송이 가능해졌어요. 과일과 채소도 전국으로 운송하면서 각 지역에서 재배한 특산품을 다른 지역에 내다 팔 수 있었지요. 그러자 전국에서 원하는 식재료를 쉽게 접할 수 있게 되었습니다.

철도가 생기기 전에는 식량을 주변에서 얼마나 조달할 수 있느냐에 따라 도

비료가 없었다면?

식량 생산량을 늘리는 데 기여한 것은 농기계뿐만이 아니에요. 1900년대 초반에 합성 비료가 나오면서 농작물을 더 빠르고 크게 키워 낼 수 있게 되었습니다. 그리고 1920년대에는 포유동물이 햇볕을 쬐어서 체내 합성하는 비타민 D를 화학적으로 합성한 보충제가 나와 가축들을 안전하게 실내에서 키울 수 있게 되었지요. 또 항생제와 백신이 개발됨에 따라 밀집시켜 기른 가축들에게 생기는 전염병 걱정을 덜게 된 농부들은 한정된 공간에서 더 많은 수의 가축을 기를 수 있었습니다.

먹거리의 과거와 현재

한국에서 농업에 종사하는 노동력의 비율

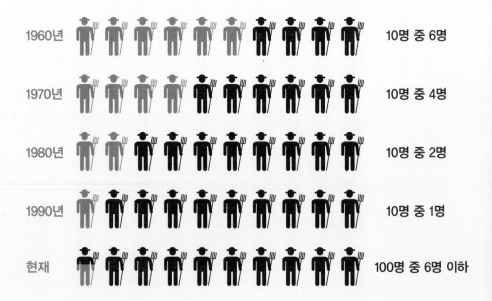

1960년 · · · · · · · · · · 10명 중 6명

1970년 · · · · · · · · · · 10명 중 4명

1980년 · · · · · · · · · · 10명 중 2명

1990년 · · · · · · · · · · 10명 중 1명

현재 · · · · · · · · · · 100명 중 6명 이하

＊통계청, 농업 및 어업 기본 통계조사(2015)

한국인 1인당 연간 쌀 소비량

1970년 136.4kg

현재 65.1kg

＊통계청, 양곡 소비량 조사결과(2014)

시의 규모가 결정되었습니다. 가령 도시에 10만 명을 위한 식량 자원만 있다면 시민 모두가 굶주리지 않기 위해서는 그 인구를 넘어서는 안 되겠지요. 인구 수가 식량 자원의 양을 넘어선다고 해도 더 이상 다른 도시를 정복하고 먹을 것을 빼앗는 방법은 구시대적 발상일 뿐이었습니다. 하지만 철도가 등장하고 대륙을 가로지르며 식량을 운송하게 되자 모든 것이 바뀌었습니다. 점점 더 많은 사람들이 도시로 모여들었고, 생산된 먹거리는 멀리까지 이동했지요. 덩달아 도시도 점점 커지고 발전했어요.

20세기가 시작될 무렵에는 공장에서도 식량을 생산하기 시작했습니다. 수많은 과일이나 채소가 들어 있는 통조림, 저장 식품, 포장된 시리얼, 과자, 초콜릿 바가 생산 라인을 따라 생산되고 포장되어 곳곳으로 유통되었습니다. 이제 음식은 농장에서 키운 식재료로 가정의 부엌에서 요리하는 것이 아니라 큰 회사가 대량으로 만드는 하나의 상품이 되었지요. 그리고 이런 회사들 중 상당수는 오늘날 거대한 국제 기업으로 성장했습니다.

밀밭에 농약을 뿌리고 있는 농약 살포 비행기. 녹색 혁명이 이루어지는 동안
비료, 살충제, 다양한 곡물 품종이 새로 등장해 식량 생산량이 크게 늘었다.

두 번째 혁명이 일어나다!

제2차 세계 대전 이후, 농업은 급속도로 발전하기 시작했습니다. 1940년대
부터 1960년대까지 더 많은 곡식을 더 빨리 생산하도록 해 주는 발명품
들도 쏟아져 나왔지요. 새로운 곡물 품종, 더 좋은 비료와 살충제, 밭에 물을 대
거나 곡식을 관리하는 더 나은 방식 등이 있었어요. 이런 수단들은 전 세계적으
로 식량 생산량을 크게 늘려, 1975년에는 1820년보다 식량 생산량이 16배나 늘
어났습니다. 같은 기간에 인구는 4배밖에 늘지 않은 것을 생각하면 어마어마한
규모이지요.

이런 변화는 수많은 사람들의 목숨도 구했습니다. 전 세계적으로 10억 명 정
도가 굶어 죽지 않게 되었거든요. 대표적인 예로 1960년대 초반, 인도에서는 심
각한 식량난으로 인해 많은 사람들이 굶주림에 시달리고 있었습니다. 그래서 인
도 정부에서는 식량을 연구하는 과학자들에게 새로운 벼 품종을 개발하게 했
고, 그 결과 식량 생산량이 10배나 더 많아졌지요. 그로부터 30년 뒤, 인도의 쌀

굶주리는 사람들의 수

오늘날 전 세계적으로 8명 중 1명, 그러니까
약 8억 4천2백만 명은 먹을 것이 충분하지 않아 굶주리고 있습니다.
하지만 굶주리는 사람들의 숫자는 시간이 갈수록 점점 줄어들고 있지요.

전 세계적으로 지속적인
영양 결핍에 시달리는 사람의 비율

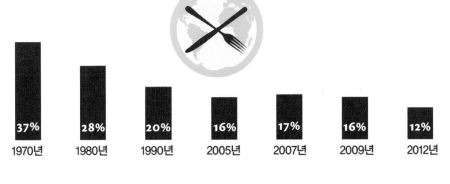

37%	28%	20%	16%	17%	16%	12%
1970년	1980년	1990년	2005년	2007년	2009년	2012년

미래

2050년까지는 다음과 같이 될 거예요.

도시에 사는
인구가 2배로
늘어납니다.

고기 생산량이 2배로
늘어납니다.

키가 큰 것이 좋을까요, 작은 것이 좋을까요? 농작물이라면 키가 작은 것이 더 좋을지도 모릅니다. 오래전부터 사람들이 기르던 벼와 밀은 큰 키 때문에 다른 작물이 햇볕을 못 쬐게 가려버리고는 했거든요. 그래서 듬성듬성 심어야 했지요. 하지만 키가 작은 품종이 개발되면서 작물을 더 촘촘히 심을 수 있게 되자 수확량이 훨씬 늘어났어요.

생산량은 3배로 뛰었고 쌀값도 떨어졌어요. 덕분에 인도는 식량난을 벗어났고, 오늘날에는 손에 꼽는 쌀 수출국이 되었습니다. 또 필리핀에서는 벼 품종 개량으로, 멕시코에서는 밀 품종 개량으로 비슷한 성공을 거뒀지요.

오늘날 슈퍼마켓에서 구할 수 있는 음식의 대부분은 이처럼 녹색 혁명이라고 불리는 놀랄 만한 농업 산업화의 결과물이에요. 하지만 대량으로 식량을 생산하는 기술은 장기적으로 봤을 때 환경과 인류의 건강, 식량의 지속 가능성에 좋지 않은 영향을 끼친다고 비판받기도 합니다.

또한 비용을 줄이고 생산량을 늘리려는 지속적인 요구와 맞닥뜨려 새로운 식량 유통 방식이 등장하기도 했습니다. 각 지역에서 작물을 생산하여 판매하는 비용보다, 브라질이나 중국의 넓은 밭에서 나온 대두나 쌀을 사서 지구 반 바퀴를 돌아 운송한 다음, 다른 식품으로 가공하고 다시 배에 실어 다른 곳에 판매하는 비용이 더 적게 든 겁니다. 이처럼 녹색 혁명은 오늘날 전 세계 사람들이 음식을 먹는 방식을 좋은 방향으로든 나쁜 방향으로든 크게 바꾸어 놓았지요.

셀프서비스의 시작

현대인들은 일주일에 슈퍼마켓에 몇 번이나 들를 까요? 사소하게 들르는 것까지 모두 포함해서 말이에요. 우리들 대부분은 과자나 식재료 등이 필요하면 근처의 슈퍼마켓에 들르는 것을 당연하게 생각합니다.

유럽 사람들이 북아메리카 대륙에 처음 정착할 무렵 식량이 모이는 장소의 중심은 교역소였습니다. 교역소란 전통적인 교역 경로를 따라 만들어진 상점 이었는데, 새로 온 정착민들에게 필요한 모든 것을 팔았어요. 옷가지, 가구, 각종 도구와 가재도구뿐만 아니라 기본적인 식량도 판 매했지요. 교역소는 점차 밀가루, 통조림, 말린 콩, 향신료와 같이 저장 음식들 을 살 수 있는 잡화점으로 진화했습니다. 한편 신선한 음식을 구하려면 식재료 각각을 전문으로 파는 곳에 찾아가야 했습니다. 고기를 구하려면 동물을 도축 해 다듬는 푸줏간에, 우유를 구하려면 낙농장에, 과일과 채소를 구하려면 청과 물상이나 농산물 가판대에 가야 했어요. 당시에는 이렇게 서너 곳은 들러야 식 사 준비에 필요한 모든 재료를 구할 수 있었지요. 그래서 자신이 먹을 채소를 직 접 기르거나 달걀을 얻기 위해 닭을 기르는 가정도 많았습니다. 하지만 당시 여 성들에게는 음식을 구하고 다듬어 요리하는 것이 일상이었기 때문에 큰 문제가 되지 않았어요.

북아메리카 대륙에서는 1800년대에서 1900년대 초반까지 이런 잡화점을 흔 히 볼 수 있었습니다. 당시의 잡화점에서는 오늘날처럼 사람들이 상품 진열대에 서 직접 상품을 고르는 것이 아니라 점원에게 살 물건의 목록을 건네는 식으로 주문했어요. 모든 상품들은 계산대 뒤에 쌓여 있었고요. 그리고 상품들도 지금

1919년 미국 테네시 주의 피글리 위글리 식료품점.
손님들은 필요한 식재료를 선반에서 직접 골랐다.

과는 달리 깔끔하게 포장되어 있지 않고 화물 컨테이너 안에 들어 있었지요. 그래서 점원들은 매번 손님이 주문한 밀가루나 설탕의 양만큼 덜어서 무게를 달아 가격을 계산한 다음 포장해 주어야 했어요. 그러니 필요한 물건을 다 살 때까지 시간이 조금 걸렸겠지요?

그러다가 1919년, 미국 테네시 주 멤피스에 '셀프서비스' 형태의 식료품점인 피글리 위글리(Piggly Wiggly)가 등장했어요. 이곳에서는 오늘날처럼 상품을 미리 포장한 뒤 가격을 정해서 선반에 올려놓고 손님들이 직접 고르게 하는 새로운 방식을 선보였습니다. 이렇게 함으로써 가게는 과거의 잡화점에 비해 점원이 덜 필요하고 손님들은 선택의 범위가 더 커졌지요. 그러자 상표와 포장, 광고가 매우 중요해졌습니다. 그 뒤 셀프서비스 방식의 식료품점은 빠르게 퍼져나가기 시작했습니다.

피글리 위글리를 창업한 클래런스 손더스는 1937년에 완전히 자동화된 식료품점 '키두즐(Keedoozle)'도 최초로 개업했습니다. 손님들이 상품을 골라 꼬리표가 달린 커다란 진열장의 열쇠 구멍에 열쇠를 꽂으면, 전자 회로와 운반 벨트로 이루어진 복잡한 장치를 따라 상품이 자동으로 나오는 방식이었지요. 불행히도 이 장치는 고장이 잦았고 결국 키두즐은 문을 닫아야 했어요. 하지만 손더스의 이 발명품은 자동판매기와 슈퍼마켓의 자동 계산대 모습으로 오늘날까지 남아 있답니다.

천하무적 슈퍼마켓의 등장

1920년대부터는 식료품점이 오늘날과 비슷한 방식으로 바뀌기 시작했습니다. 비록 규모가 작기는 했지만, 몇몇 가게에서는 저장 식품 말고도 과일이나 채소, 고기, 낙농품 같이 신선한 식품도 팔았어요. 1930년대에는 최초의 슈퍼마켓이 등장합니다. 오늘날의 마트처럼 각기 배치해 놓은 고기, 낙농품, 조리된 식품 등을 손님들이 직접 골라서 가져다 계산하는 큰 규모의 식료품점이 생긴 것이지요. 이런 대규모 식료품점은 한 개의 회사가 나라 전체 혹은 특정 지역에 수십, 수백, 때로는 수천 개의 상점을 열어 체인점 형태로 운영했습니다. 이처럼 사업의 규모가 꽤 컸던 덕분에 체인점들은 작은 상점보다 다양한 상품을 저렴한 가격에 제공할 수 있었어요.

또한 전통적인 식료품점보다 훨씬 규모가 커서 도시 한복판이나 주거 밀집 구역보다는 교외 지역에 지어야 했지요. 당시는 미국에 자동차가 보급된 시기이기도 해서 점점 더 많은 사람들이 차를 타고 슈퍼마켓에 와서 한꺼번에 많은 양

의 식품을 사 갔습니다. 그 뒤, 대부분의 미국인들이 식비 지출을 줄였던 대공황기를 거치면서 슈퍼마켓의 인기는 더욱 높아졌습니다. 그 결과 1935년에는 3백여 개에 불과했던 슈퍼마켓이 1930년대 후반에는 거의 5천 개에 육박했어요.

제2차 세계 대전 이후 많은 중산층 가구가 새로 조성된 교외 지역으로 이사를 가면서 슈퍼마켓 수는 더욱 많아졌지요. 슈퍼마켓은 점점 더 크고 화려한 모습으로 진화했습니다. 그렇게 1970년대에 이르자 많은 수의 전통적인 식료품점들은 문을 닫아야만 했어요.

음식 소비량

가계 지출 가운데 집에서 해 먹는
식비의 비율(국가별, 2014년)

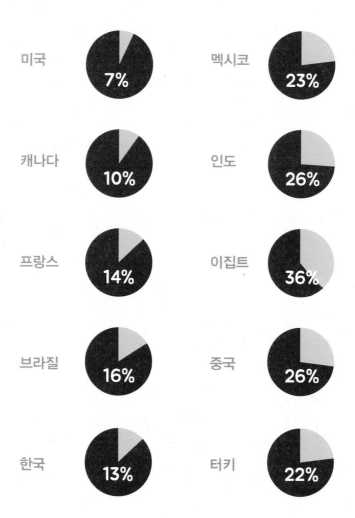

미국	7%	멕시코	23%
캐나다	10%	인도	26%
프랑스	14%	이집트	36%
브라질	16%	중국	26%
한국	13%	터키	22%

슈퍼마켓의 변신

1980년대를 거쳐 1990년대에 이르자 슈퍼마켓의 몸집은 더욱 커졌습니다. 각 지역의 슈퍼마켓 체인점들이 통합하여 전국적인, 더 나아가 전 세계적인 회사가 생겨났지요. 코스트코 같은 대형 할인점이 식품 산업의 무대에 등장한 것입니다. 거대하게 커진 슈퍼마켓이라는 의미로 대형 할인점을 '하이퍼마켓'이라고 해요. 하이퍼마켓은 한 건물 안에서 우유부터 빵, 청바지, 가구에 이르기까지 생활하는 데 필요한 모든 것을 판매합니다.

하이퍼마켓에서 판매하는 제품과 상표만도 20만 종류나 된다고 하니 정말 놀랍지요? 식품의 경우에는 하이퍼마켓의 거대한 유통망을 통해 직접 판매됩니다. 외부의 유통업자에게 돈을 지불하지 않아도 되니 회사는 돈을 아낄 수 있었지요. 이런 회사들은 낮은 가격으로 많은 상품을 파는 정책을 펼쳐 경쟁자들을 따돌렸습니다.

여러분이 다른 상품들과 함께 사과를 판매하는 작은 가게를 가지고 있고, 농부에게서 1,800원에 사과를 사 왔다고 해 볼까요? 가게를 계속 운영하려면 임대료나 인건비, 난방비 같은 여러 비용이 들기 때문에 사과를 3,500원에 판매해야만 합니다. 하지만 하이퍼마켓에서는 같은 사과를 2,000원에 팔고 있습니다. 사과를 한 개만 팔면 많은 이윤을 거두지 못하지만 이곳은 하루에 아주 많은 양의 사과를 팔기 때문에 그렇게 싸게 팔아도 괜찮지요.

1991년, 한국의 유통 시장이 개방되면서
대형 할인 마트의 수가 10배 이상 증가했어요.
2001년에는 소규모 마트와 구멍가게
11,400여 곳이 문을 닫아야만 했지요.

미래의 슈퍼마켓

그렇다면 하이퍼마켓 이후에는 어떤 변화가 올까요? 미래에는 아예 슈퍼마켓이 존재하지 않을 수도 있습니다. 이미 오늘날 우리는 상점에 직접 가서 물건을 고르기보다 인터넷에서 주문하는 것에 익숙해져 있지요. 자신이 사는 지역에서 재배되는 신선한 과일과 채소를 일주일에 한 번씩 지역의 공급자에게 주문해 먹을 수도 있습니다. 사는 지역에서 구할 수 없는 특산품 또는 외국의 식재료도 언제든 손쉽게 주문이 가능하지요. 앞으로는 슈퍼마켓도 이렇게 전자 주문식으로 바뀌어 손님들이 집에서 편하게 온라인으로 주문하고, 계산은 바코드를 스캔하는 기계로 대체되지 않을까요?

이러한 전자식 슈퍼마켓에는 큰 장점이 있습니다. 과거 점원들이 해야 했던 일의 영역이 줄어들면서 고용해야 할 점원 수가 줄어들고, 점원이 줄어들면 들어갈 임금도 줄어듭니다. 공간 또한 인터넷 사이트가 대신하면서 가게 임대료가 줄어들지요. 그 결과 상품의 가격이 낮아지고, 선택의 범위가 넓어집니다. 물론 그렇다고 전통적인 방식의 슈퍼마켓이 당장 문을 닫게 되는 것은 아니지만, 사람들이 인터넷 쇼핑에 익숙해 질수록 이 비율은 점점 높아질 거예요.

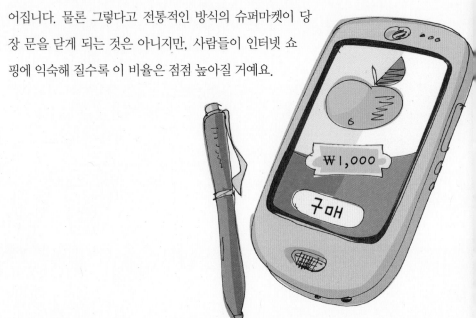

음식을 대하는 우리의 자세

오늘 밤 저녁 식탁에서 식탁 위에 놓인 음식들을
잘 들여다보고 아래 질문들에 대답해 보아요.
이 질문들에 정답은 없습니다. 여러분이 먹는 음식이
어디에서 왔는지 한번 생각해 보기 위한 것이에요.
가족들과도 함께 이야기해 보아요.

여러분이 사는 나라나
지역에서 생산된 식재료는
무엇인가요? 먼 지역에서
생산하여 가공한 식재료는 또
무엇인가요? 음식의 포장지나
생산 표시 스티커에 적힌 내용을
확인해 보아요.

이 음식은
어떤 과정을 통해
여러분 앞까지 왔을까요?
세척, 포장, 운송,
요리의 단계까지
생각해 보아요.

누가 음식을 사 왔고,
누가 요리를 했나요?
엄마인가요, 아빠인가요?
아니면 할아버지, 할머니?
혹은 여러분인가요?

수확하자마자 바로
가져온 식재료는 무엇인가요?
그리고 완전히 가공되거나
부분적으로 가공된 식품은
무엇인가요?

여러분의 식사는
어디에서 왔나요?
슈퍼마켓, 식당, 농산물 직판장
가운데 어디인가요? 여러분이 아는
누군가가 만들거나 기른
식재료는 없나요?

2장

음식 주식회사

지금 이 순간 배가 고파 슈퍼마켓에 들어갔다고 생각해 보세요. 그리고 과자와 과일, 음료수 병이 가득 진열된 선반을 쭉 살펴봅시다. 그중에서 곡물로 만든 에너지바와 감자칩 한 봉지를 골라서 포장지에 찍힌 작은 상표를 바라보며 계산대로 걸어갑니다. 고른 과자는 아마도 몇 개의 큰 식품 회사 제품 가운데 하나일 거예요. 미국의 경우 네슬레(Nestlé)나 크래프트(Kraft), 펩시코(PepsiCo), 제너럴 밀스(General Mills) 같은 국제적인 회사들이 수십 가지의 작은 브랜드를 갖고 있어요. 사실 우리가 슈퍼마켓에서 구할 수 있는 식품과 음료수는 대부분 몇몇 다국적 기업과 연결되어 있습니다. 이 기업들이 전 세계적으로 생산하고 판매하는 식품들은 전체 식품 시장에서 상당한 비율을 차지하지요.

전 세계 식품 산업의 규모는 매우 크며, 다른 산업과 마찬가지로 이들의 가장 중요한 목표는 이윤을 남기는 것입니다. 따라서 식품 회사들과 식품을 공급하는 업자들에게는 많은 식품을 가능한 싸게 생산하도록 지속적인 압력이 가해집니다. 하지만 식품을 무조건 싸게 만드는 것이 모두에게 좋은 것만은 아닙니다. 환경은 물론이고 고기와 우유, 달걀을 만드는 동물들, 공장 노동자들, 소비자들을 위해서도 최선의 상품이 아닐 수 있지요. 그 이유를 현대의 농장 시스템을 살펴보며 찾아볼까요?

더 크게! 더 싸게!

식품 산업은 어떻게 이렇게 성장할 수 있었을까요? 그 이유를 알려면 식품 산업의 생리에 대해 알아볼 필요가 있습니다. 식품 산업에는 지난 수십 년간 큰 영향을 미친 두 가지 흐름이 있습니다. 첫 번째는 회사와 회사 간의 합병입니다. 즉, 두 회사가 합쳐져 더 큰 회사를 만드는 것이지요. 예를 들어 펩시코 사는 음료수 '펩시콜라'로 잘 알려진 미국 회사인데, 그 안에 수십 개의 작은 회사들을 거느리고 있습니다. 우리가 아침에 먹는 시리얼과 우유, 방과 후 마시는 탄산음료에 지불한 돈이 모두 같은 회사로 들어가는 셈이에요. 이것이 바로 회사가 합병하면 일어나는 일입니다.

두 번째 흐름은 수직적인 통합입니다. 이는 어떤 회사가 다른 회사들을 사들여 식품 산업에서 더 큰 통제력을 행사하고, 생산 원가를 줄이는 일이에요. 이렇게 하면 밭에 뿌리는 씨앗에서부터 작물이 자라는 데 필요한 비료 생산, 운송

수단, 최종 상품의 판매에 이르기까지 모든 과정이 하나의 회사 안에서 이뤄집니다.

한 다국적 기업이 고기를 얻기 위해 농장 주인과 가축을 기르기로 계약을 맺었다고 가정해 볼까요? 이 회사는 농장 주인에게 가축을 기르는 데 필요한 사료나 의약품을 판매할 수 있고, 특정 방식으로 가축을 길러야 한다고 요구할 수도 있습니다. 가축을 도축해야 할 때가 오면 회사는 필요한 가축을 골라 회사에서 운영하는 도축장까지 운송한 다음, 포장된 고기로 가공하고 회사의 유통망을 이용해 유통시키지요.

이런 방식은 외부로 나갈 돈을 줄여 식품을 낮은 가격에 소비자들에게 내놓을 수 있는 장점이 있습니다. 또한 큰 회사는 가장 효율적인 방식으로 가축과 작

콩을 수확하는 브라질의 콩 농장

45

물을 기르게 하고, 그 지식을 농장 주인 또는 농부들과 공유할 수도 있습니다. 하지만 그 이면에는 작물과 가축을 실제로 기르는 사람들이 가져야 할 힘을 빼앗아 가서 직접적인 경험이 없는 회사 사장에게 넘겨주는 셈이지요. 농부들은 무엇을 어떻게 생산할지, 그리고 생산한 식품에 얼마의 가격을 매길지에 대해 권한이 없습니다. 이뿐만 아니라 이런 기업의 목표는 더 많은 양의 식품을 적은 원가에 생산하는 것이기 때문에 수직적인 통합을 할 경우 소중규모의 농장들은 점점 발붙일 곳이 없어지고 대규모의 농장만이 살아남을 수밖에 없습니다. 기르는 작물과 가축의 종류도 몇 가지로 한정되지요. 만약 6백 평의 밭이 있다면 여기에 각기 다른 여섯 종류의 작물을 기르는 것보다 감자 한 종류를 심는 것이 돈이 적게 들기 때문입니다. 이렇게 한 종류의 감자만 심는다면 농부는 작물을 심고, 비료를 주고, 수확하는 모든 과정 또한 한 가지 방식으로만 하게 됩니다.

점점 사라지는 다양한 품종, 다양한 맛

'다양성이야말로 진정한 인생의 맛이다.' 이런 말을 들어 본 적 있나요? 이 말은 다양한 사물과 경험을 접할수록 우리의 삶이 더욱 풍성해진다는 의미입니다. 그런데 인간의 삶에서만 다양성이 필요한 것이 아닙니다. 자연에서도 다양성은 아주 소중하지요. '생물 다양성'이라는 말이 있습니다. 원래는 생물체의 다양성을 뜻하는 말이지만, 바꿔 말하면 어떤 환경 속에 얼마나 다양한 종류의 생물들이 존재하는지를 뜻합니다. 생물의 다양성이 높은 환경에서는 여러 종류의 식물이 자라나지만 오히려 해충의 수는 적습니다. 또한 동물의 개체수도 안정적으로 유지되지요.

식품이 생산되는 시스템 속에도 생물의 다양성이 존재합니다. 전통적인 방식을 따르며 소규모로 일하는 농부들과 농장 주인들은 여러 가지 품종의 소와 돼지, 닭을 기르고 온갖 종류의 과일과 채소를 재배합니다. 그중에는 보라색 콩이나 흰색 당근처럼 신기한 것들도 있지요. 이런 품종 가운데 상당수는 몹시 덥거나 습도가 높거나 기생충이 많은 등의 특정 환경에 적응하기 위해 진화했습니다. 이런 품종들은 다양한 특색을 가지며 맛도 독특합니다.

하지만 오늘날에는 식품의 다양성이 상당 부분 사라진 상태입니다. 카길 (Cargill)이나 콘아그라(ConAgra) 같은 글로벌 식품 회사들이 동물과 식물의 특정 품종에 대한 권리를 가지고 시장을 장악하고 있지요. 미국에서 달걀을 낳는 닭의 유전자 90%를 고작 두 곳의 회사가 갖고 있는 것처럼 말이에요. 그리고 자신들이 권리를 갖고 있는 품종의 종자나 유전 물질을 대규모 가축 생산자들에게 팔기로 계약을 맺습니다.

이런 흐름은 농부들과 농장 주인들이 기르는 품종 수의 감소를 의미하기도 합니다. 원래는 수십 가지의 품종이 있었지만 현재 우리가 먹는 소고기는 모두 열 가지 품종의 소에서 얻고, 미국에서 흰색 달걀의 대부분은 한 가지 품종의 닭에서 나오고 있습니다. 돼지는 두 가지 품종만 남고 모든 품종이 사라질 위기에 놓였고요. 식품 산업에서 이렇게 특정 품종만이 살아남는 이유는 무엇일까요? 그 품종이 특별히 건강에 좋거나 맛이 있어서 살아남는 걸까요? 이유는 오로지 자라는 속도가 빨라 도축을 빨리 할 수 있기 때문입니다.

농작물 또한 이런 흐름에서 자유롭지 않습니다. 몇몇 식량 전문가들은 십만 종에 달하는 식물이 멸종 위기에 놓여 있으며, 수천만 종의 과일과 채소, 곡물이 사라질 것이라고 예측하고 있습니다. 실제로도 이미 꽤 많은 과일과 채소의

오늘날 미국에서는 80%의 돼지와 95%의 소, 그리고 상업적으로 팔기 위해 기르는 칠면조의 100%가 인공 수정을 통해 태어나고 있어요.

특정 품종의 감자가 가져온 끔찍한 재난

역사상 식품이 가져온 가장 최악의 재난은 아일랜드의 감자 기근이었습니다. 1800년대 아일랜드는 영국의 지배 아래 있었고, 가난한 아일랜드 노동자들은 영국인 지주로부터 자그마한 땅을 빌려 농사를 지어야만 했습니다. 그런데 감자는 좁은 땅에서도 잘 자라기 때문에 쉽고 값싸게 영양분을 얻을 수 있는 작물이었지요. 그래서 아일랜드 사람들은 감자를 심기 시작했고, 감자는 아일랜드 사람들의 중요한 먹거리가 되었습니다. 이때 아일랜드에서 기른 대부분의 감자는 알이 굵게 자라는 룸퍼스라는 품종이었어요.

하지만 1845년, 이 품종에 치명적인 곰팡이균이 퍼지고 말았어요. 그 결과 7년 동안 1백만 명에 달하는 아일랜드 사람들이 굶주려 죽었고, 수많은 사람들이 아일랜드를 떠나야 했습니다. 이 사태는 사람들이 한 가지 종류의 식품에만 의지할 때 어떤 위험이 따르는지를 여실히 보여 주었지요.

오늘날 식량 공급망에도 비슷한 문제가 생길 수 있습니다. 실제로 1999년, 맥류 줄기녹병이라는 곰팡이병이 퍼진 적이 있어요. 이 병이 전 세계적으로 퍼질 경우 전 세계 90%의 밀이 죽어서 10억 명에 이르는 사람들이 굶주릴 위험에 처할 위기였습니다. 다행히 이 맥류 줄기녹병이 전 세계적으로 퍼지지는 않았지만 과학자들은 저항력이 있는 새로운 품종을 만들기 위해 지금도 노력 중입니다.

동물들의 적응력은 놀랍도록 뛰어납니다. 남아시아에서 자라는 제부라는 소 품종은 다른 소보다 땀을 많이 흘려 체온을 잘 식히기 때문에 뜨거운 기후에서 자라기에 알맞지요. 또 스코틀랜드 북쪽 해안에서 꽤 떨어진 오크니 섬에서 자라는 노스 로널드세이라는 양은 일 년에 여러 달 동안 해초만 먹고도 버틸 수 있습니다. 이 기간 동안 이 섬에서 구할 수 있는 먹이가 해초뿐이기 때문입니다.

품종이 없어졌지요.

그런데 돼지나 토마토 품종이 좀 사라진다고 해서 무슨 심각한 문제가 생길까요? 문제는 가장 맛있고 영양가 높은 품종마저도 저장과 운송이 쉬운 품종에 밀려난다는 점입니다. 그런데 과학자들이 이보다 더 걱정하고 있는 것은 바로 '식량 안전 보장' 문제입니다. 식량 안전 보장은 장기적으로 사람들에게 충분한 식량을 보장해야 한다는 것이지요. 식량 시스템에 다양성이 부족하면 위험이 닥쳤을 때 식량 안전 보장 부분이 취약해집니다. 고작 몇 안 되는 동식물 품종만 있다면 질병이나 해충, 곰팡이균, 기후 변화가 닥쳤을 때 한꺼번에 피해를 입어서 식량 공급에 치명적인 결과를 불러올 수 있기 때문입니다. 원래 질병은 유전적으로 비슷한 유기체를 한꺼번에 죽이기 때문에 다양한 품종의 가축이나 농작물을 길러야 위험을 분산할 수 있지요.

식품의 다양성을 찾아라!

많은 사람들이 식품의 다양성을 되살리기 위해 노력하고 있습니다. 어떤 노력을 하고 있는지 살펴볼까요?

✳ 소규모로 농사짓는 농부들 가운데는 예전부터 길러 왔던 토마토나 사과, 콩 등의 전통적인 품종들을 기르는 사람들이 있습니다. 이 품종들은 현대 농업 현장에서는 사라진 지 오래되었지만 농산물 직판장이나 대기업과는 독립적으로 운영하는 식료품점에서 팔기도 합니다.

✳ 몇몇 회사들은 희귀한 품종들에 '고급 식재료'라는 이름을 붙여 판매하고 있습니다. 미국 캘리포니아 주의 렌초 고르도(Rancho Gordo)라는 회사에서는 멕시코 농부들과 손잡고 특정 지역에서 전통적으로 기르던 콩이나 씨앗 등 멸종 위기 품종의 자생 농작물을 판매하고 있지요.

✳ 전 세계적으로 1천4백여 곳의 씨앗 은행이 운영되고 있습니다. 이 은행들은 더 이상 판매되지 않는 품종이나 야생 품종의 씨앗을 모아 저장하는 곳이지요. 가장 큰 씨앗 은행은 영국 런던에 있는데, 3만 3천여 종에 해당하는 총 20억 개의 씨앗을 여러 층의 거대한 지하 저장고에 보관하고 있어요. 이런 씨앗 은행에서 유전학자와 식품 공학자들은 멸종 위기에 있는 식품 수백 종을 다시 야생에 정착시키려 노력하고 있습니다.

기후의 덫

오늘날 우리는 기후 변화의 심각성에 대해 늘 접하고 있습니다. 지구의 기후는 지구 대기 속에 열기를 가두는 온실 가스의 영향으로 심하게 변화하고 있지요. 이런 기후 변화를 심각하게 여기는 이유 중 하나는 우리의 식량 공급에 문제가 생길 수 있기 때문이에요. 그리고 기후 변화로 인해 나타나는 가뭄이나 몹시 더운 기후, 홍수 등은 농작물에 치명적인 결과를 일으킬 수 있어요.

실제로 이런 우려는 현실로 나타나고 있습니다. 2014년 미국 캘리포니아 주에 중세 시대 이후로 가장 심한 가뭄이 왔는데, 기후 과학자들은 앞으로 이 지역에 이런 가뭄이 더 자주 닥칠 것으로 전망했습니다. 문제는 캘리포니아 주가 미국 사람들이 먹는 과일과 채소의 절반 정도를 재배하는 곳이라는 점입니다. 딸기, 포도, 브로콜리, 토마토의 경우는 90% 이상을 이곳에서 재배하고 있지요. 또한 미국 낙농 제품의 20%를 이곳에서 생산합니다. 이런 곳에 가뭄이 닥치면 생산량이 줄어들고, 식량 가격은 높아질 것입니다.

과학자들은 앞으로 수백만 명이 기후 변화로 인한 식량 부족 때문에 굶주릴 것이라고 경고하고 있습니다. 식품 산업에 종사하는 사람들도 경고의 목소리를 내고 있습니다. 이러한 사태를 막기 위해서는 각국 정부가 온실 가스의 배출을 줄이기 위한 대책을 세워야 합니다.

살충제와 해충, 그 승자는?

넓은 밭에 한 가지 종류의 농작물만 심을 경우 해충도 많이 생깁니다. 이를 방지하기 위해 화학 물질인 살충제로 해충을 죽이거나 쫓아내지요. 이때 한 가지 작물만 키우는 대규모 농장은 돌려짓기 같은 전통적인 방식을 사용하는 소규모 농장보다 살충제가 많이 필요할 수밖에 없습니다. 전 세계적으로 각국 농장에서 매년 사용하는 살충제의 양은 20억 킬로그램에 달합니다. 그중 5분의 1을 미국에서 사용하고 있지요.

지난 1백 년 동안 전 세계적으로 식량 생산량이 늘어난 데에는 화학 살충제의 영향도 있습니다. 해충을 많이 죽일수록 이로 인해 죽거나 피해 받는 농작물의 양도 줄어들지요. 따라서 많은 농부들이나 과학자들은 살충제 사용을 금지하면 생산량이 줄어들어 식량 가격이 올라가고, 전 세계적으로 굶주리는 사람의 수도 늘어날 것이라고 말합니다.

하지만 살충제를 사용하는 데는 다음과 같은 문제점들이 있습니다.

✳ 세계보건기구에 따르면 살충제의 독성 때문에 전 세계적으로 매년 3백만 명의 농장 일꾼들이 사망합니다.

✳ 살충제 찌꺼기는 흙이나 지하수에 흡수되며, 공중에 뿌린 살충제는 공기 속에서 계속 떠돌기도 합니다. 이는 야생 동식물에게는 물론이고 사람에게도 해를 입히지요.

✳ 살충제 가운데는 꿀벌을 죽이는 것도 있습니다. 꿀벌은 꽃가루를 옮겨 작물이 식량을 생산하도록 합니다. 전 세계 식량 공급량의 3분의 1이 꿀벌에 의존하고 있지요. 하지만 살충제 때문에 꿀벌의 개체 수가 가파르게 줄어들고 있어 이런 추세라면 사과, 산딸기, 아몬드, 멜론을 포함한 여러 종류의 농작물을 생산하지 못하는 문제가 일어날 수도 있습니다.

✳ 먹이 사슬의 바닥에 있는 벌레나 설치류 같은 동물들이 살충제에 닿거나 살충제를 먹으면 우리도 모르는 사이에 심각한 결과를 초래할 수 있습니다. 이들이 흡수한 살충제가 먹이 사슬의 윗 단계에 있는 작은 새나 물고기 등에 고스란히 전해지기 때문입니다. 그러면 살충제의 독이 먹이 사슬 중간 단계의 동물들 몸속에 축적되지요. 이 중간 단계의 동물들이 맹금류나 포유류 같은 다른 동물에게 먹히면 독은 더욱 농축됩니다. 이런 현상을 '생물 축적'이라고 불러요.

✳ 살충제에 익숙해진 해충들은 살충제에 대한 내성이 생깁니다. 내성이 생긴 해충을 죽이기 위해서는 더 독한 화학 물질을 쓰거나 살충제를 더 많이 뿌려야만 하지요.

✳ 살충제는 농작물에 남아 있다가 그것을 먹는 사람에게도 영향을 끼칠 수 있습니다. 적은 양이라도 살충제를 장기적으로 섭취하면 건강에 해롭습니다.

꿀벌을 살리자! 아바즈(Avaaz)라는 단체에서는 온라인상으로
3백만 명의 서명을 받아 전 세계 지도자들에게 네오니코티노이드라는
이름의 살충제 사용을 금지하도록 촉구했습니다. 이 살충제는
꿀벌을 죽이기 때문이지요. 그 결과 2014년, 유럽 연합에서
네오니코티노이드의 사용을 금지하겠다고 발표했습니다.

논란의 살충제

    사람들은 4천 년 전부터 농작물을 보호하기
위해 여러 가지 물질을 사용했습니다.
그중에서 비소와 납, 이 두 물질은 사람을
죽음에 이르게 할 정도로 독성이 강하지요.
그래서 이로운 곤충들까지도 죽이는 문제가
있었어요.

    1950년대 미국에서는 DDT라는 살충제가
널리 쓰였습니다. 하지만 1960년대에 생물학자이자
작가인 레이철 카슨(Rachel Carson)이 《침묵의
봄》이라는 책에서 농작물을 해치는 해충을 죽이기 위해
뿌리는 DDT가 새나 다른 동물들에게도 해를 입힌다는 사실을
밝혔습니다. 이에 살충제 회사들은 카슨을 깎아내리기 위해 카슨을
나무를 껴안고 있는 미친 여자의 모습으로 묘사하기도 했지요. 하지만
정부는 카슨의 편에 섰고, DDT의 사용을 금지시켰습니다. 비록 지금도
몇몇 나라들에서는 말라리아를 옮기는 모기를 죽이기 위한 용도로
쓰이고 있지만 말이에요.

DDT는 병을 옮기는
기생충을 죽이려는
용도로, 미국
군인의 제복에 직접
뿌리기도 했다.

유기농 식품, 우리의 선택은?

살충제 문제가 대두되자 사람들은 '유기농' 식품을 찾기 시작했어요. 유기농이란 어떤 농작물을 기를 때 살충제나 화학 비료를 사용하는 기존 농법으로 재배하지 않고 살충제나 화학 비료를 쓰지 않았음을 의미합니다. 유기농 농작물을 재배하는 농부들은 해충을 줄이기 위해서 농작물을 돌려짓거나 식물에서 추출한 자연 살충제를 사용하는 등 다른 방식을 활용합니다. 또 해충을 쫓아내는 식물을 같이 기르기도 하고 해충을 쫓아내는 무당벌레 같은 곤충을 활용하기도 합니다.

이런 유기농 농법은 소규모 가족 농장에서 사용하는 경우가 많습니다. 하지만 최근 유기농 농작물에 대한 수요가 크게 늘자 전국적인 규모의 유기농 농작물 회사가 등장했어요. 이런 대규모 유기농 회사들은 생산량을 최대로 늘리기 위해 한 가지 품종만 기르고, 먼 거리까지 운송하며 기존의 대기업에서 사용했던 운영 방식을 그대로 답습해서 사람들의 비판을 받았지요. 그러나 유기농 농법의 규모가 커지는 것은 바람직한 현상이라며 이런 회사들을 옹호하는 사람들도 있습니다. 규모가 커지면 유기농 농작물의 가격이 낮아져 더 많은 사람이 유기농 농작물을 맛볼 수 있기 때문입니다.

곡물의 왕, 옥수수

푸짐한 아침 식사가 차려진 식탁 앞에 앉아 있다고 생각해 볼까요? 식탁에는 요구르트, 시리얼, 달걀말이, 빵, 마가린, 과일 주스가 차려져 있습니다. 이 안에 옥수수나 콩은 없어 보입니다. 그런데 정말 그럴까요? 사실 이 두 가지 농작물은 우리가 먹는 거의 모든 식품에 빠지지 않고 들어갑니다.

옥수수유, 옥수수 전분, 옥수숫가루, 옥수수로 만든 시럽은 물론이고, 음식을 좀 더 끈적거리게 만들어 주는 말토덱스트린과 식품 첨가제인 디글리세리드와 모노글리세리드도 모두 옥수수에서 뽑아냅니다.

옥수수는 과일 맛 요구르트나 샐러드드레싱, 마가린, 시리얼, 과자, 껌, 탄산음료에도 들어가며, 심지어 치약이나 화장품 같은 상품에도 들어갑니다. 또 우리가 매일 먹는 소나 닭의 사료로 쓰이기도 하지요.

옥수수가 이렇게 널리 쓰이는 대표적인 이유는 값싸기 때문입니다. 특히 미국은 전 세계 옥수수 생산량의 3분의 1을 차지하고 있는 제1의 옥수수 수출 대국이지요. 2014년부터 2015년까지의 세계 옥수수 생산량이 10억 톤에 육박할 정도로 옥수수는 우리의 삶에 빠질 수 없는 곡물이에요.

곡물의 여왕, 콩

옥수수가 곡물의 왕이라면, 콩은 곡물의 여왕이라고 할 수 있습니다. 콩은 옥수수 다음으로 식품 시스템에서 많이 사용하는 농작물이에요. 콩은 단백질이 풍부해서 아시아에서는 전통적으로 두부나 두유, 된장 등의 음식으로 많이 먹습니다. 오늘날 전 세계적으로 콩을 많이 재배하는 이유는 값이 싸고 어떤 농작물보다도 단백질 함유량이 많기 때문입니다. 콩 역시 옥수수만큼 활용도가 높습니다. 콩은 식물로 만드는 인조고기의 주재료이며, 유제품의 대용품이기도 하고 수많은 가공 식품에 다양한 형태로 첨가되고 있습니다. 그렇다 보니 세계 최대의 콩 생산국인 미국의 콩밭 면적을 다 합하면 남한 면적의 약 세 배나 될 정도이지요. 한편, 세계에서 콩을 두 번째로 많이 재배하는 브라질은 거대한 콩 농장이 아마존의 열대 우림을 파괴한다는 환경 단체들의 비판을 들어야 했습니다. 그렇다면 이 많은 콩을 다 어디에다 쓸까요? 전 세계 콩 생산량의 85%는 음식 또는 연료나 산업용 기름과 동물 사료로 사용합니다.

특히 옥수수와 콩은 동물 사료로 쓰기에 좋습니다. 이 두 작물을 가축에게 먹이면 풀을 먹일 때보다 가축이 빨리 자라며, 풀밭 대신 좁은 공간에서 기를 수 있지요. 또한 이렇게 기른 소는 지방 함유량이 높고 맛도 좋아 사람들의 입맛에 맞아요. 75년 전에는 도축할 수 있을 만큼 소를 키우려면 4~5년이 걸렸지만, 오늘날에는 기름진 사료와 합성 호르몬 주사를 통해 1년 남짓 걸립니다.

하지만 옥수수나 콩을 사료로 쓰는 데도 문제는 있어요. 첫째, 에너지와 식량, 물을 비효율적으로 사용합니다. 소는 원래 풀밭에서 사람들이 먹지 못하는

우리가 먹는 과일과 채소는 얼마나 깨끗할까?

미국의 시민 단체인 '환경 연구 그룹'은 우리 몸에 해로운 살충제가 남아 있을 확률이 높은 과일과 채소와 일반적으로 살충제가 적게 남는 과일과 채소의 목록을 발표했습니다.

살충제가 남아 있을 확률이 높아 되도록 유기농으로 재배한 것을 먹어야 하는 과일과 채소는 다음과 같습니다.

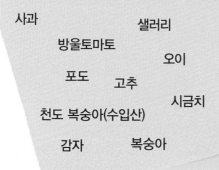

사과

샐러리

방울토마토

오이

포도　고추

시금치

천도 복숭아(수입산)

감자　복숭아

그리고 살충제가 적게 남아 굳이 유기농으로 골라 먹지 않아도 괜찮은 식품은 다음과 같습니다.

아스파라거스

아보카도

양배추

캔털루프 멜론

옥수수

가지

자몽

키위　망고

버섯

살충제를 피하려면 모든 과일과 채소는 물에 충분히 씻어 먹고, 붉은 고기나 닭고기는 살충제가 쌓이는 지방 조직을 떼어 내고 먹는 게 좋아요.

풀을 우리가 먹을 수 있는 고기와 우유 등의 식량으로 바꿔 주는 유용한 동물입니다. 하지만 모순적이게도 소에게서 1칼로리를 얻으려면 식물이 생산하는 10칼로리를 소에게 주어야 하지요. 이는 소가 옥수수나 콩을 먹든 풀을 먹든 마찬가지입니다. 즉, 한 사람이 먹을 분량의 고기를 생산하기 위해 소가 먹는 옥수수나 콩을 사람이 직접 먹으면 열 사람이 배를 채울 수 있는 셈이지요.

또한 소는 옥수수나 콩이 아닌 풀을 먹고 살도록 진화했습니다. 사실 옥수수나 콩은 소의 위장에 들어가기에는 영양분이 지나치게 많습니다. 그래서 오히려 소화계에 문제를 일으키고 소를 병들게 합니다. 이를 막으려고 소에게 약이나 항생제를 먹이는데, 그 고기를 사람이 먹게 되지요. 그뿐만 아니라 영양분이 많은 먹이는 위험한 대장균의 특정 균주가 자라는 데 이상적인 위장 환경을 만들어 줍니다. 따라서 도축하는 과정에서 처리를 제대로 하지 않으면 소고기가 오염된 채로 팔릴 수도 있어요. 이렇게 오염된 고기를 충분히 익혀 먹지 않으면 질병에 걸리거나 심하면 목숨을 잃을 수도 있습니다. 그래서 많은 사람들은 풀을 먹인 소의 고기를 먹고 싶어 합니다. 풀을 먹인 소의 고기는 영양분이 풍부하고 몸에 좋은 지방을 함유하고 있으며, 환경에도 더 좋습니다. 그래서 1998년에는 미국에서 풀을 먹여 소를 키우는 농장이 100여 곳밖에 없었지만, 오늘날에는 수천 곳으로 늘어났지요. 덕분에 풀을 먹인 소고기를 쉽게 구할 수 있습니다.

전 세계적으로 식품이 미치는 영향

식량이 싸고 풍부해졌다는 것은 바람직한 일입니다. 하지만 옥수수나 콩처럼 값싼 농작물만을 생산하면 식품 시스템이 불안정해질 수 있습니다. 식품이 전 세계 경제와 어떻게 연결되는지 살펴보면 그 이유를 알 수 있어요. 예전부터 여러 국가에서는 수입품에 관세를 매기거나 수입량에 제한을 가해 왔습니다. 따라서 관세가 부과된 식품을 들여오는 수입업자들은 추가적인 비용을 지불해야 하지요. 이런 제도는 같은 식품을 생산하는 국내 농부들을 보호하기 위한 것입니다. 하지만 자유 무역 협정(FTA)이라는 것이 있어서 이 협정을 맺은 국가들 간에는 관세 없이 대부분의 식품을 수출할 수 있습니다.

그런데 미국이나 캐나다의 경우 대량으로 재배한 콩이나 밀, 옥수수는 정부의 재정적 지원을 받기 때문에 다른 국가의 농부들이 생산한 농작물에 비해 훨씬 싸지요.

61

미국 캘리포니아 주의 들판에서 멕시코 출신 농부들이 잡초를 뽑고 있다. 미국에서 일하는 농장 일꾼의 75% 이상이 멕시코나 중앙아메리카에서 온 사람들인데, 고향에서 본인의 농장이나 직업을 잃고 미국에 오는 경우가 많다.

  그래서 미국산 농산물을 수입하는 나라의 농부들은 자국에 필요한 농작물을 기르기보다는 다른 나라에 수출하기 적당한 농작물을 기르라는 요청을 받습니다. 하지만 결국 가격 경쟁에 밀려 여러 세대 동안 자신들이 먹을 농작물을 직접 기르고 이웃에 팔아 생계를 유지했던 사람들이 생계 수단을 잃고 새로운 직업을 찾아 이주해야만 하는 상황이 오지요. 이처럼 식품의 세계화는 명암을 가지고 있답니다.

돌고 돌아서 온 식탁 위의 음식

식품을 수입하거나 수출하는 것은 작은 농장 주인이나 그곳에서 일하는 일꾼들만의 문제가 아닙니다. 식품은 생산할 때뿐만 아니라 팔 장소로 운송할 때에도 에너지가 들지요. 이때 쓰이는 에너지는 석유 같은 화석 연료입니다. 그런데 화석 연료를 태우면 온실 가스가 나오고 이는 기후 변화에 영향을 줍니다. 기후 변화를 걱정하는 많은 사람들은 식품이 식탁에 오르기까지 얼마나 많은 온실 가스를 내보냈는지를 따져 봐야 한다고 말하고 있어요. 그중 잘 알려진 개념이 '푸드 마일'입니다. 어떤 식품이 농장에서부터 식탁에 도착하기까지 여행한 거리가 얼마인지 계산하는 거예요. 거리가 멀수록 탄소 배출량이 많다는 사실을 알 수 있지요. '100마일 식단' 운동을 벌이는 사람들은 거주지 가까운 곳에

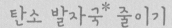

탄소 발자국* 줄이기

농장에서부터 식탁에 오르기까지 온실 가스를 제일 많이 배출하는 식품은 무엇일까요? 양고기, 소고기, 치즈, 돼지고기, 양식 연어, 칠면조, 닭고기를 손에 꼽을 수 있지요. 어떤 과정에서 이런 온실 가스가 생길까요? 먼저 가축을 키울 초원을 만드는 과정에서 숲의 나무를 베면 공기 중에서 이산화탄소를 흡수하는 나무가 사라져서 흙이 배출하는 이산화탄소의 양이 늘어납니다. 또한 가축의 배설물은 전 세계 아산화질소 배출량의 3분의 2를 차지합니다. 소들은 장내 가스를 많이 배출하는 것으로 악명이 높은데, 거기에는 독특한 냄새가 나는 메탄을 포함합니다. 아산화질소와 메탄 역시 온실 가스의 주범이지요. 그리고 가축들을 먹이고, 고기를 포장해 슈퍼마켓용 상품으로 만드는 과정에도 많은 에너지가 들어요. 그러니 우리 식단에서 탄소 발자국을 줄이려면 소고기나 우유, 치즈부터 줄여야 하지 않을까요?

※ **탄소 발자국** : 제품 생산 과정에서 발생하는 이산화탄소의 총량을 표시하는 제도.

서 생산된 식품을 먹어야 한다고 주장합니다.

계절별로 우리가 사는 지역에서 생산된 식품을 구매하면 맛도 좋고 환경에도 더 좋습니다. 하지만 언제나 문제는 간단하게 해결되지 않습니다. 무엇보다 그 지역에서 자란 식품은 값이 비싼 경우가 많습니다. 또한 어떤 식품이 농장에서부터 식탁에 오르기까지 드는 전체 에너지 중 운송 과정은 일부분에 지나지 요. 대부분의 경우 재배, 가공, 공장 처리 과정이 훨씬 큰 비중을 차지합니다.

사실 식품을 생산하고 유통하는 과정이 환경에 어떤 영향을 끼치는지 정확히 알아내는 것은 꽤 어렵습니다. 한 포기의 채소, 또는 한 조각의 과일에 대해서 생각해 볼까요? 이것들은 어떤 방식으로 길렀을까요? 노지에서 길렀을까요, 아니면 열을 가한 온실에서 길렀을까요? 작물을 심거나 수확할 때 기계를 사용

했을까요, 아니면 사람의 힘으로 했을까요? 작물은 어떻게 저장했을까요? 우리
손에 들어오기까지 따로 요리를 하거나 가공을 했을까요? 일 년 중 어느 시기에
길렀을까요?

　사과를 한번 살펴보아요. 사과는 대개 가을에 수확합니다. 그러니 가을에는
제철에 수확한 사과를 맛볼 수 있지요. 하지만 다른 계절에도 사과를 맛보기 위
해 다음 해 여름까지 창고에 저장하는데, 이때 신선하게 보관하기 위해 에너지
가 듭니다. 그러므로 제철이 아닌 시기에 창고에 저장된 사과를 사 먹는 것은 환
경에 좋은 일이 아닙니다. 사과 한 알만 따져도 이렇게 복잡한데 많은 재료가 들
어간 음식의 탄소 발자국은 어떨까요?

내가 만일 소라면?

'**농**장'이라는 단어를 들으면 마음속에 어떤 그림이 그려지나요? 아마 들판에서 풀을 뜯고 있는 소들과 닭장 안에서 행복하게 모이를 쪼는 닭의 모습이 떠오를 거예요. 하지만 이런 그림은 오늘날 슈퍼마켓에서 파는 소고기나 우유, 달걀이 생산되는 현실과는 거리가 멉니다. 오늘날에는 '공장식 농장'에서 소고기나 우유, 달걀을 대량으로 생산합니다. 그러면 많은 사람들이 매일 사 먹어도 부담되지 않을 만큼 가격을 낮출 수 있지요. 하지만 이렇게 값싸게 대량으로 생산하는 방식에는 문제점이 있습니다.

생물학자들은 가축도 사람처럼 고통이나 스트레스, 두려움을 느낄 수 있을 뿐 아니라 땅에 발을 디디고 다른 동물과 교류하기를 원하는 등 다양한 육체적, 심리적 욕구를 가지고 있다고 말합니다. 돼지는 개만큼이나 똑똑하며 각기 개성이 있지요. 또 소들은 다른 소와 '우정'을 나눌 수 있으며, 친구끼리 서로 떨어지면 스트레스를 받습니다. 심지어는 닭들도 복잡한 사회를 형성하며 서로 의사

항생제의 경쟁자, 박테리아

가축 사육장은 슈퍼박테리아의
주요 서식지입니다. 슈퍼박테리아란
항생제에 대항할 내성을 갖고 있는
강한 박테리아 균주를 말합니다.
사람들은 가축의 병을 낫게 하기 위해서뿐만 아니라 잘 자라게 하려고
일상적으로 항생제를 먹입니다. 그런데 박테리아의 유전자 자체에 항생제를
이길 수 있는 힘이 생기면서 문제가 발생하지요. 그러면 더욱 강하거나
더 많은 양의 항생제를 투여해야 이 박테리아를 죽일 수 있어요. 항생제와
박테리아 사이에 일종의 '군비 경쟁'이 일어나는 셈입니다.

가축에서 생겨난 슈퍼박테리아는 농장 일꾼을 통해 일반인에게도
전염될 수 있습니다. 실제로 중국이나 인도에서는 고기 수요가 많아지면서
공장식 농장 기술이 널리 보급되었고, 가축에게 항생제를 지나치게 많이
사용한 결과 2009년, 전 세계적으로 수많은 사람들의 목숨을 앗아간 신종
인플루엔자 같은 치명적인 질병이 퍼졌습니다.

이미 유럽에서는 2006년부터 가축 사료에 항생제 사용을 규제했으며,
몇몇 슈퍼마켓에서는 항생제를 사용해 기른 고기 판매를 거부하고 있어요.

과거 생산량 대비 동물에게 사용하는 항생제의 사용량은
전 세계에서 한국이 최고 수준이었어요. 하지만 지나친
남용을 막기 위해 2011년부터 정부가 동물 사료에 넣는
항생제를 규제하기 시작했습니다.

소통을 하기 위해 각기 다른 울음소리를 서른 가지나 내지요.

그런데 현대의 공장식 농장 시스템에서 이 가축들은 생산량을 최대화하고 비용을 최소화한다는 목표 아래 길러질 뿐입니다. 공장식 농장에는 가축이 지나치게 밀집해 있기 때문에 동물의 자연적인 본능과 욕구를 채워주지 못하지요. 소들은 사육장에 한꺼번에 수천 마리씩 들어가 옥수수와 콩을 먹고 빠르게 살을 찌우며 젖소들은 우유를 계속 생산하기 위해 정기적으로 임신을 해야 합니다. 또 위생적이지 않은 환경 때문에 바이러스에 감염되어 질병을 앓는 경우도 많습니다. 미국에서는 암퇘지 열 마리 가운데 아홉 마리가 임신용 우리에서 길러지는데, 콘크리트로 만들어진 이곳은 몸도 제대로 가눌 수 없을 정도로 매우 비좁습니다. 우리 식탁에 오르는 닭의 대부분은 햇볕을 쬐거나 신선한 공기를 마셔 보지도 못한 채 수만 마리의 다른 닭과 함께 좁은 우리에서 일생을 보냅니다. 달걀을 낳는 암탉들은 날개도 펴지 못할 정도로 좁은 철조망 우리 안에 갇혀 지내지요.

닭장에 옮겨지기 전 부화기 안에 보관되는 병아리들

가축의 복지를 지켜 주다

가축들에게 좋은 소식도 있습니다.

✳ 가축들의 복지를 우선적으로 생각하는
많은 농부들은 매일 머리를 맞대고 고민하고
있습니다. 돼지를 인간적으로 기르는 모임을
꾸리기도 하고, 동물 심리학자를 고용해 심한 스트레스를 주지 않고
가축을 길러서 도축하는 방법을 개발하기도 합니다.

✳ 소비자들과 동물 보호 단체의 항의를 받은 여러 회사들은 가혹한 조건에서
기른 가축의 고기나 알을 거부하기도 합니다. 버거킹, 맥도날드, 코스트코 등의
회사들은 임신용 우리에서 기른 암퇘지 고기는 쓰지 않기로 협의했지요.
대기업들이 규칙을 정하자 이들에게 납품하는 업체들도 따를 수밖에 없었고,
더 인간적인 환경에서 가축을 사육하자는 생각이 여러 체인점으로 퍼져 나갔어요.

✳ 자유롭게 방목하여 키운 닭, 닭장 속이 아니라 자연에 낳은 달걀, 초원에서
자란 소고기를 원하는 소비자가 점점 많아지고 있습니다. 이에 대한 정보도
더 많아지면서 인간적으로 사육한 식재료 또한 늘고 있습니다. 예컨대 캐나다
밴쿠버의 한 식료품점은 달걀 포장 상자에 닭을 어떻게 길렀는지에 대한 설명을
덧붙였지요. 그러자 유기농 방식으로 생산한 달걀의 매출이 올라갔습니다.
정보를 덧붙임에 따라 사람들은 더 인간적인 환경에서 기른 닭이 생산한
달걀을 사 먹기 시작한 거예요.

한국에서는 매년 약 80만 마리의 닭이
도축되고 있습니다. 전 세계적으로는
한 해 약 700억 마리의 닭이 도축되고,
약 520억 마리를 소비하고 있어요.

동물에게도 복지를!

차를 타고 오랜 시간 이동하는 것은 동물에게도 몹시 힘든 일입니다. 동물들은 이동할 때 트럭에 가득 실려 지나치게 높거나 낮은 기온에 노출되고, 가끔은 먹이와 물도 없이 며칠을 보내기도 합니다. 이런 과정에서 매년 수백만의 가축이 죽어 나가거나 부상을 입으며 병에 걸리기도 하지요.

전 세계 각 나라와 지역 정부에서는 동물 학대 방지를 위한 법을 제정하고 있지만, 가축으로 가공될 동물에 대한 법은 대부분 그렇게 엄격하지 않습니다. 그래서 동물 복지 단체에서는 공장식 농장이나 도축장에서 벌어지는 충격적인 사건들을 공개했지요. 그 결과 미국의 수십 개 주에서는 농장과 도축장에서 동물의 학대를 불법으로 하는 '반-내부고발자' 법을 만들고자 했습니다. 하지만 농업계에서는 이에 반발하며 영향력 있는 로비스트를 고용해 대응했습니다. 결국 2014년까지 관련 법안은 하나도 통과하지 못했어요.

고기와 우유를 얼마나 먹나?

한국의 연간 소고기 생산량

1980년:

현재:

한국인 1인당 연간 소고기 소비량

1980년대:
2.9킬로그램

현재:
10.3킬로그램

한국인 1인당 연간 우유 소비량

1980년대:
23.8킬로그램

현재:
71.6킬로그램

한국의 연간 우유 생산량

1980년대:
100.6톤

현재:
221.4톤

*농림축산식품부 농림축산식품 주요통계(2015)

이처럼 공장식 농장과 도축장의 현실은 좋지 않습니다. 그렇다 보니 우리는 농장 주인이나 일꾼, 도축장 주인을 탓하지요. 하지만 가장 큰 문제는 정작 동물들이 고통 받지 않도록 조치하는 데는 대부분의 사람들이 관심이 없다는 점이에요. 이러한 무관심과 값싼 고기와 유제품을 대량으로 원하는 소비자에게도 책임이 있는 셈입니다. 고기를 생산하는 환경을 바꿀 수 있는 방법에 대해 이제는 우리 모두가 한 번쯤 진지하게 생각해 봐야 하지 않을까요?

고기를 먹지 않고 살아가는 채식주의자들

전 세계에는 고기를 전혀 먹지 않는 사람들이 많이 있습니다. 이들 중에는 살아 있는 생명을 해치는 것은 잘못이라고 가르치는 불교를 믿는 사람들도 있어요. 또 어떤 사람들은 동물을 가둬 기르는 것은 잘못이며, 이런 비인간적인 시스템에서 기른 가축을 먹지 않겠다고 거부합니다. 그리고 환경에 나쁜 영향을 주지 않으려는 채식주의자도 있고, 건강 문제로 고기를 먹지 않는 사람도 있지요.

'유연한 채식주의' 또한 요즘 인기 있는 흐름입니다. '고기를 먹지 않는 월요일'이나 '저녁 6시 전까지만 채식' 같은 운동이 요리책이나 웹사이트, 소셜 미디어에 퍼져 나가고 있지요. 만약 고기를 너무 많이 먹어서 생기는 결과를 피하고 싶지만 고기를 완전히 포기할 수 없다면 이런 유연한 방식이 좋은 선택일 거예요.

바다 물고기를 먹을 것인가,
양식 물고기를 먹을 것인가?

공장식 농장에서 가축을 어떻게 기르는지 자세히 들여다보면 물고기 양식은 좀 더 인간적이고 환경친화적으로 이뤄진다고 할 수 있습니다. 물고기 낚시는 적어도 4만 년 전부터 인류 문화의 일부였지요. 거의 모든 인류가 물가에 거주했기 때문에 어떤 방식으로든 물고기나 조개, 오징어, 심지어는 바다사자나 고래까지도 잡아서 먹었습니다. 처음에는 손으로 낚시를 하거나 그물 혹은 창으로 잡기도 하고, 덫을 놓기도 했어요. 통나무배나 뗏목을 타고 물고기를 낚는 방식도 7천 년 전까지 거슬러 올라갑니다. 고대 이집트나 스칸디나비아 사람들은 돛이 달린 커다란 어선을 만들었지요. 어떤 문화권에서는 식량을 구하기 위해 물고기를 기르기도 했습니다. 오스트레일리아 원주민들은 기원전 6000년부터 호수의 물길에서 뱀장어를 길렀고, 기원전 2500년 중국 사람들은 호수에 먹이

73

를 뿌려 잉어를 길렀지요.

오늘날에는 물고기를 커다란 탱크나 연못, 바다, 호수, 강 등의 가두리 양식장에서 기릅니다. 제대로 된 방식으로 기른다면 양식은 오랫동안 지속 가능하며, 큰 바다에서 물고기를 잡는 데 따르는 부작용을 줄일 수도 있습니다.

하지만 몇몇 물고기 양식장의 본질은 물속의 공장식 농장일 뿐입니다. 수만 마리의 물고기를 비좁은 우리 속에 한꺼번에 집어넣다 보니 배설물이 가득 쌓여서 병이 퍼지곤 하지요. 특히 '바다 이(Sea lice)'라는 치명적인 기생충은 바다에서 자연적으로 자랄 때보다 3만 배 더 빨리 확산됩니다. 바다 이는 연어 등의 물고기 몸속에 들어가 깊은 상처를 남기며 물고기를 죽입니다.

물고기는 언제나 바다에 있을까?

우리가 야생에서 잡힌 물고기를 먹는다면 적어도 그 물고기가 수많은 물고기로 붐비는 가두리 양식장에서 살지 않았음을 알 수 있어요. 하지만 슬프게도 사람들은 자연 상태의 물고기마저도 잡아다가 양식장에 넣어 버렸어요. 그 때문에 해양 생태계는 파괴되고 있지요.

한때 사람들은 바다에서 물고기 등의 해산물이 영원히 나올 것으로 생각했습니다. 하지만 오늘날 사람들은 그렇지 않다는 사실을 깨달아 가고 있지요. 수산업은 전 세계적으로 2억 명에 달하는 사람들이 종사하고 있을 정도로 규모가 큰데, 지금처럼 물고기를 마구잡이로 잡아들이면 해양 생태계가 위험해지는 것은 물론이고 우리의 식품 공급망도 위태로워집니다. 물고기를 비롯한 해산물로 단백질을 제공 받던 전 세계 5분의 1에 해당하는 사람들 또한 타격을 입을 테고요. 전문가들은 다른 물고기를 잡아먹는 먹이사슬의 상위 단계에 있는 참치, 황새치, 상어 등과 같은 몸집이 큰 물고기들의 약 90%가 이미 사라진 상태라고 이야기합니다.

그물에 우연히 잡힌 여러 해양 생물 가운데는 새끼 상어 같은 대형 물고기도 있다.

 그렇다면 이 물고기들은 어떻게 잡을까요? 가장 흔한 방법은 원양 어업에서 쓰는 주낙을 사용하는 방법입니다. 주낙은 낚싯줄에 수천 개의 낚싯바늘을 달아 물고기를 낚는 어구로, 길이가 1백 킬로미터에 이르기도 해요. 또 참치나 청어 같은 물고기는 대형 건착망으로 잡는데, 이것은 한 무리의 물고기를 위에서 한꺼번에 끌어올리는 거대한 그물입니다. 그뿐만 아니라 새우와 다양한 물고기를 한꺼번에 끄는 저인망도 있어요. 저인망은 고깃배 뒤에 달린 깔때기 모양의 커다란 그물로, 바다 밑바닥을 훑듯이 하며 물고기를 잡지요.

 이런 방식들은 한 가지 공통점을 갖고 있습니다. 잡으려는 물고기 말고도 상어, 바다거북, 돌고래, 고래, 청새치, 때로는 바닷새까지 함께 잡아버린다는 점이지요. 또 너무 작거나 먹을 수 없는 '쓰레기 물고기'도 잡습니다. 이처럼 불필요하게 잡힌 해양 생물들은 고깃배 갑판에 던져지면서 상당수가 다치거나 죽어버립니다. 매년 수백만 마리의 해양 생물이 이런 식으로 죽는데, 전 세계적으로 잡히는 어획량의 약 25%에 해당돼요.

　그중에서도 저인망의 상황이 가장 좋지 않습니다. 저인망이 잡는 해양 생물 가운데 80~90%가 그대로 버려지기 때문이지요. 마구잡이식으로 바다 밑바닥에서부터 끌어 올리는 저인망 방식은 해양 생물의 다양성에 엄청난 해가 되며, 생태계를 파괴하고 몇몇 종은 멸종으로까지 이끌지도 모릅니다.

현명한 선택들

　자연 상태의 물고기를 잡는 방법과 양식장에서 물고기를 키우는 방법에는 모두 문제가 있습니다. 그렇다면 어떻게 해야 할까요? 먼저 수가 많은 종을 집중적으로 잡는 방식이 있습니다. 또 어획량을 제한하여 바다 속 생태계에 최대한 해를 주지 않도록 우연히 잡히는 생물의 수를 최소화할 수도 있지요. 낚시나 끌낚시, 덫 놓기는 물고기를 잡는 지속 가능한 방식입니다. '오션 와이즈(Ocean Wise)'나 '시 초이스(SeaChoice)' 같은 프로그램은 자연 상태에서 잡거나 양식 해산물을 잡는 최고의 방식과 최악의 방식을 알려 주고 있습니다. 그리고 몇몇 식당과 식료품점, 수산 시장은 이런 프로그램을 참고해서 어떤 방식으로 해산물을 수확했는지 메뉴판에 표시하기도 합니다. 우리는 이런 표시를 보고 지속 가능한 방식으로 잡은 해산물을 선택할 수 있지요.

버려지는 음식들

전 세계적으로 인구가 점점 늘고 있기 때문에 모든 인구가 먹고 살기 위해서는 식량을 많이 생산해야 합니다. 하지만 이런 상황 속에서도 매년 세계 식량 공급량의 3분의 1을 차지하는 130억 톤가량의 음식이 운송이나 가공 도중에 상해서 버려지거나 슈퍼마켓과 식당, 집 등에서 버려지고 있어요. 이렇게 버려지는 음식은 20억 명이 먹기에 충분한 양입니다.

그렇다면 집에서 버려지는 음식의 양을 줄이려면 어떻게 해야 할까요? 먼저 장을 보러 가기 전에 미리 계획을 세우고, 한꺼번에 많이 사기보다는 적은 양을 자주 사며, 음식이 빨리 상하지 않도록 제대로 된 방법으로 저장해야 합니다.

기술이 발달하면서 음식물 쓰레기를 줄이는 기발한 방법도 생겨나고 있습니다. 과학자들은 잘 상하는 음식이 든 상자에 컴퓨터 칩을 넣어 음식의 유통 기한이 언제까지인지 휴대 전화 문자로 알려

주는 장치를 개발 중이에요.

　대부분의 슈퍼마켓과 식당에서는 유통 기한이 지나거나 온전해 보이지 않는 식재료는 버립니다. 하지만 일부의 식당 주인이나 식품 도매상, 회사, 음식 공급자들은 이렇게 남는 식재료를 음식 은행에 기부하기도 하지요. 이러면 음식물 쓰레기를 줄이는 동시에 굶주린 사람들의 배도 채울 수 있습니다.

　'프리건'이라고 불리는 사람들이 있어요. 이들은 쓰레기를 줄이자는 철학을 가지고 슈퍼마켓이나 식당의 쓰레기통을 뒤져서 먹을 수 있는 상태의 식품을 골라서 먹습니다. 이렇게 하면 쓰레기도 줄이고 싼 값에 한 끼를 해결할 수 있어요. 하지만 위생 문제는 보장할 수가 없겠지요?

음식을 대하는 우리의 자세

환경에 가장 해를 주지 않는 식품을 선택하려면 어떻게 해야 할까요?
우리가 환경에 나쁜 영향을 끼치는 공장 제조 식품을
모두 피할 수는 없습니다. 하지만 다음의 몇 가지를 실천해 보아요.
사소하지만 중요한 첫걸음이 될 거예요.

대형 식품 유통 체계를
거치지 않은 식품이나 식재료를
한 가지라도 메뉴에 추가해 보세요.
예컨대 정원이나 텃밭에서 심은
채소를 먹거나, 한 달에 한 번
지역 농산물 직판장에 들르거나,
창틀에 화분을 두고 약초를
몇 가지 키워 보는 거예요.

대량으로 재배한 옥수수나 콩이 든
음식을 한 가지 빼고 대신 더 건강한
음식을 한 가지 선택하세요. 아침에
옥수수가 든 시리얼을 먹는 대신 밥
또는 과일을 먹는 식으로 말이에요.
그리고 고과당의 옥수수 시럽이 든
탄산음료 대신 집에서 직접 만든
차가운 차를 마셔 보아요.

고기를 먹는다면, 고기 소비량을
줄이는 방법에 대해 고민해 보아요.
예컨대 '고기 없는 월요일' 운동을
벌이는 거예요. 고기 양을 줄이기로
했다면 단백질이나 철분을 보충할
다른 방법으로 콩, 식물성 고기,
견과류 등을 먹으면 좋아요.

3장

우리 몸에
좋은 음식

'음식이 약이 되고, 약이 곧 음식이 되게 하라.' 고대 그리스의 유명한 의사 히포크라테스가 한 말이에요. 이 말은 음식이 우리의 건강과 얼마나 밀접한 관련이 있는지를 잘 알려 줍니다. 혹시 쉬는 시간이나 점심시간에 불량 식품을 먹고 오후에 힘이 빠졌던 적은 없나요? 반대로 건강하게 잘 차린 아침 식사를 하고 힘이 났던 적은요? 한 끼니가 이렇게 몇 시간, 또는 하루 종일 우리 몸에 영향을 준다면 음식을 먹는 습관은 쌓이고 쌓여 몇 주, 몇 달, 몇 년 동안 우리 몸에게 영향을 미칠 수밖에 없을 거예요.

뉴스 기사나 공중 보건 전문가들에 따르면 비만 인구가 크게 늘고 있다고 합니다. 이것은 우리가 가정에서 채소와 과일은 충분히 섭취하지 않고, 설탕이 너무 많이 들어간 음식, 건강에 해로운 지방이나 소금, 인스턴트 식품을 지나치게 많이 먹는다는 경고의 소리지요. 동시에 어떤 사람들은 엄청나게 많은 시간을 들여서 다이어트에 대해 고민합니다. 탄수화물이 적고, 글루텐을 뺀 식사를 해야 한다든지, 채식을 해야 한다든지 하면서 말이에요. 대체 우리 사회에 무슨 일이 일어나고 있는 걸까요?

오늘날 우리는 식품과 영양에 대해 지나치게 많은 정보를 접합니다. 그러다 보니 때로는 정보가 모순되기도 하지요. 심지어 영양학 전문가들조차도 우리 건강에 무엇이 좋은지에 대해 의견이 엇갈립니다. 그럼 먼저 우리가 식품과 건강에 관해 무엇을 알고 있는지 짚어 볼까요?

우리 몸에 필요한 영양소

우리 몸에는 꼭 필요한 영양소들이 있습니다. 어떤 것들이 있는지 간단히 살펴보아요. 식품 안에는 열량(칼로리)이 들어 있는데, 이것은 다른 말로 에너지라고 부릅니다. 우리 몸이 살아가려면 이 에너지가 꼭 필요하지요. 우리가 음식을 먹으면 우리 몸은 음식을 잘게 쪼개고 그 과정에서 얻은 에너지를 우리 몸의 모든 활동에 사용해요. 움직이거나, 생각하거나, 몸속 기관이 작동하거나, 새로운 세포나 피를 만드는 활동 등에 말이에요. 그런데 만약 우리가 몸 안에 받아들인 것보다 더 많은 에너지가 필요하면 우리는 먼저 몸속에 갖고 있던 지방을 분해하고, 그 다음으로는 근육을 분해합니다. 반대로 우리가 사용하는 것보다 더 많은 열량을 섭취하면 우리 몸은 여분의 에너지를 지방으로 저장하지요.

식품에는 세 가지의 기본 물질이 있습니다. 바로 단백질, 탄수화물, 지방입니다. 그중 단백질은 아미노산으로 이루어져 있으며 고기, 생선, 우유, 달걀 등의 동물성 음식과 콩, 견과류, 씨앗 등의 식물성 음식에 골고루 들어 있어요. 우리의 몸이 근육이나 내부 장기, 머리카락, 피부를 건강하게 유지하고 성장시키며, 적혈구를 만들기 위해서는 단백질이 필요합니다. 물론 자체적으로 몇몇 아미노

산을 만들기도 하지만, 몇몇은 음식을 통해서 꼭 섭취해야 하지
요. 이것을 필수 아미노산이라고 부릅니다. 동물성 단백질에는
이런 필수 아미노산이 모두 들어 있지만, 식물성 단백질에는 몇
가지가 빠져 있습니다. 따라서 필수 아미노산을 모두 섭취하려면
음식을 골고루 먹어야 해요.

　탄수화물은 빵, 곡물, 감자의 녹말 성분뿐 아니라 채
소나 과일에도 들어 있으며 우리가 움직이는 데 필요한
에너지를 줍니다. 탄수화물에는 복합 탄수화물과 단순
탄수화물이 있는데, 각기 다른 방식으로 우리 몸에 영향
을 주지요. 예컨대 도넛에 들어 있는 탄수화물은 토마토,
당근, 병아리콩으로 만든 샐러드에 들어 있는 탄수화물
과 다릅니다. 어떻게 다를까요? 먼저 복합 탄수화물에
는 통밀빵이나 현미, 과일, 채소, 콩과 마찬가지로 섬
유소와 영양분이 많이 들어 있습니다. 우리 몸이 이런 복
합 탄수화물을 분해하려면 시간이 많이 걸리기 때문에 오
랜 시간에 걸쳐 에너지를 사용하지요. 여기에 비해 단순 탄수
화물은 흰색 빵이나 쌀, 케이크, 쿠키 등 설탕이 들어간 여러 음
식 속에 들어 있어요. 이런 음식에는 섬유소나 영양분이 거의 포함
되어 있지 않습니다. 예컨대 밀가루는 통밀을 가공하는 과정
에서 섬유소 등이 깎여 사라지지요. 우리 몸은 이런 단순 탄
수화물을 아주 빨리 분해해 받아들입니다. 그래서 먹고 나
면 금세 혈당 수치가 올라가지요. 우리 몸이 에너지를 급하
게 필요로 할 때나 당분이 부족할 때는 이런 단순 탄수화물 음
식이 좋습니다. 하지만 얼마 지나지 않아 혈당 수준은 다시 떨어
지고 피로감과 무력감이 듭니다.

설탕의 달콤한 유혹

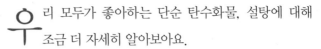

우리 모두가 좋아하는 단순 탄수화물, 설탕에 대해 조금 더 자세히 알아보아요.

설탕의 달콤함은 행복한 맛입니다. 표현만 그렇게 하는 것이 아니라 실제로 설탕을 먹으면 뇌 속에 보상 화학 물질인 도파민이 분비되지요. 이 도파민은 경쟁에서 이겼을 때나 칭찬을 받았을 때와 같은 쾌락을 안깁니다. 뿐만 아니라 충분히 긴장을 풀어 편안할 때 나오는 호르몬인 세로토닌도 나옵니다. 하지만 설탕과 행복의 관계는 여기서 끝나지 않습니다. 설탕은 우리 생활 속 큰 축하 행사에도 어김없이 등장합니다. 설탕이 빠진 생일 케이크는 상상할 수도 없지요? 또한 우리는 여름날 저녁에 아이스크림을 먹고, 겨울에는 뜨거운 코코아를 마십니다. 이렇게 설탕은 언제나 우리를 유혹하지요. 이처럼 사람들은 꽤 많은 양의 설탕을 자신도 모르게 섭취하고 있습니다.

하지만 불행하게도 설탕은 우리 몸에 몹시 안 좋은 영향을 미치는 물질 가운데 하나예요. 사실 예전부터 영양학자들은 설탕이야말로 열량 덩어리라고 이야기했고, 치과 의사들은 이를 썩게 한다고 싫어했습니다. 그런데 최근의 연구에 따르면 설탕은 사람들이 기존에 생각했던 것보다도 훨씬 더 우리 몸에 안 좋다는 사실이 밝혀졌습니다.

설탕이 들어간 식품을 피하고 싶나요? 그렇다면 식품 포장지에 나와 있는 성분표를 잘 살펴야 해요. 우리가 확인해야 할 이름은 다음과 같습니다. 자당, 덱스트로오스, 포도당, 과당, 꿀, 당즙, 농축 과즙, 엿기름, 캐러멜, 모든 시럽 종류들, 그리고 당연하지만 설탕이지요.

달콤한 유혹의 덫

그렇다면 설탕을 먹었을 때 우리의 몸에서는 어떤 일이 일어날까요? 앞서 말했듯이 우리를 행복하게 해 주는 도파민과 세로토닌이 분비됩니다. 하지만 이 좋은 기분은 오래 가지 않아요. 설탕을 많이 먹으면 우리 뇌 속의 자연스런 도파민 농도가 엉망이 되기 때문이지요. 그러면 우리는 짜증이 나고 피곤을 느끼게 되며, 머릿속에 안개가 낀 것처럼 똑바로 생각을 못하고 기억력도 떨어집니다. 그리고 더 많은 도파민을 얻기 위해 더 많은 설탕을 원하게 되지요. 그렇게 좋은 기분을 만들어 내기 위해 우리도 모르는 사이에 몸이 필요로 하는 설탕의 양이 점점 더 늘어납니다. 그러니 몇몇 연구자들이 설탕은 술이나 약물처럼 중독성이 있는 성분이라고 주장하는 것도 놀라운 이야기는 아닙니다.

또한 설탕은 간에도 영향을 끼칩니다. 화학적으로 백설탕은 반은 포도당이고 반은 과당입니다. 그런데 우리가 과당을 너무 많이 섭취하면 간은 그 양을 다 처리할 수 없어서 남는 것을 지방으로 바꾼 다음 핏속으로 내보내 버리지요. 그러

당뇨병 환자들은 주기적으로 핏속의 혈당 농도를 확인해야 한다.

면 시간이 지날수록 혈압이 높아지고, 2형 당뇨병*에 걸릴 위험도 커집니다.

당뇨병에 걸리는 환자의 상당수가 성인이 된 뒤에 걸리지만 오늘날에는 아동과 청소년의 2형 당뇨병도 수치가 치솟고 있습니다. 오늘날 수만 명의 어린이들이 2형 당뇨병에 걸려 있으며 더 많은 숫자가 높은 혈당 농도를 가진 당뇨병 전증, 즉 당뇨병으로 발전할 확률이 높은 단계에 있는 것이지요. 물론 이들이 나중에 건강상의 다른 심각한 문제를 안게 될 위험이 높음은 말할 필요도 없고요.

* **2형 당뇨병** : 혈액 속의 포도당의 양을 일정하게 유지시키는 역할을 하는 인슐린의 분비가 불규칙해지면서 생기는 질환이에요. 식생활의 서구화에 따른 과체중과 운동 부족 등으로 생길 수 있어요.

달콤함을 거부하라!

설탕을 적게 먹는 습관을 들이기란 힘듭니다. 가끔 초콜릿 한 조각이나 아이스크림 한 입을 먹어야 인생이 즐겁다고 느끼는 사람이라면 더욱 더 그럴 거예요. 하지만 안 좋은 습관은 고치는 것이 좋지요. 다음은 우리가 섭취하는 설탕 양을 줄이기 위한 도움말입니다.

✳ 가공 식품을 통해 섭취하는 설탕의 양을 줄이세요. 아무것도 들어 있지 않은 요구르트에 과일이나 꿀을 넣어서 먹어 보세요.

✳ 쿠키나 케이크, 머핀을 직접 만든다면 요리법에 나온 설탕 양의 3분의 1에서 4분의 1만 넣으세요. 그래도 맛이 달라진 걸 알아채지 못할 거예요.

✳ 달콤한 탄산음료는 물론이고 과일 주스마저도 영양은 거의 없이 설탕만 공급해 줄 뿐이에요. 그러니 이런 음료는 가끔만 마시고 대신 물을 마셔 보세요.

✳ 케첩이나 샐러드드레싱과 같이 맛은 달지 않지만 실제로는 설탕이 많이 들어간 식품도 조심해야 해요. 이런 식품은 직접 만들거나 포장지의 성분표를 확인해 설탕이 더 적게 들어간 제품을 고르세요.

우리의 몸은 늘 달콤함을 찾는다

우리 몸은 처음부터 설탕을 조금만 받아들이도록 만들어진 걸까요? 많은 영양학자들은 그렇지 않다고 생각해요. 초기 인류는 탄산음료나 초콜릿바와 같이 설탕을 한꺼번에 얻을 수 있는 음식을 구할 수 없었고 달콤한 과일도 찾기 힘들었습니다. 그래서 이들의 몸은 귀중한 설탕이 몸속으로 들어오면 지방으로 저장하도록 반응했어요. 물론 음식이 귀했던 시대에는 이런 반응이 도움이 되었습니다. 하지만 오늘날은 사정이 다르지요.

몇 백 년 전만 해도 설탕은 귀하고 비싼 사치품이었습니다. 그래서 18-19세기에 유럽 인들은 설탕을 충분히 구하기 위해 카리브 해의 섬에 커다란 사탕수수 농장을 만들었어요. 이때 신대륙으로 1천만 명이 넘는 아프리카 원주민들이 노예로 끌려갔는데, 그중 절반 이상이 이 섬의 사탕수수 농장에서 일했습니다. 그 결과 설탕은 과거보다 흔해졌고 가격도 낮아졌지요. 그래서 우리 몸은 더 이상 설탕을 섭취할 때마다 저장할 필요가 없어졌습니다.

오늘날 설탕을 비롯한 당류는 우리가 먹는 거의 모든 가공식품에 들어 있습니다. 심지어는 패스트푸드점의 햄버거나 토마토케첩처럼 우리가 달다고 생각하지 않는 음식들에도 들어 있어요. 우리 몸이 설탕을 아주 적은 양만 처리하도록 진화했다는 사실을 생각하면 오늘날 우리는 설탕을 지나치게 많이 섭취하고 있습니다.

세계인의 설탕

나라별 국민 1인당 연간 설탕 소비량

한국: 26kg

유럽: 38.2kg

미국: 33.1kg

중국: 25.4kg

일본: 31kg

한국인의 설탕

한국인 1인당 하루 설탕 섭취량

15티스푼(61.4g)

(추천 양: 5티스푼)

*식품의약품안전처 국민 당류 섭취 수준 조사(2012)

우리가 마시는 음료에는 설탕이 얼마나 들어 있을까?

81g ——— 캐러멜 프라푸치노 한 잔

77g ——— 마운틴 듀 한 병

48g ——— 오렌지 주스 한 병

39g ——— 코카콜라 한 캔

10g ——— 두유 한 팩

좋은 지방과 나쁜 지방

이제 음식을 통해 우리 몸에 쌓이는 지방에 대해 살펴볼까요? 우리는 고기, 유제품, 달걀, 생선, 견과류, 식물성 기름 등을 통해 지방을 섭취합니다. 사실 지방은 우리 몸에 꼭 필요한 친구이기도 해요. 지방은 우리 몸이 비타민을 흡수하도록 도와주며 관절이나 심장을 건강하게 지켜 주어요. 또 면역계가 질병과 싸우도록 해 주며, 피부가 부드러워지고 머릿결이 반짝반짝 빛나도록 해 주기도 하지요. 하지만 탄수화물과 마찬가지로 지방에는 몇 가지 형태가 있어요. 그중 일부는 건강에 이롭고, 일부는 그렇지 않습니다.

올리브유, 홍화씨유, 카놀라유와 같은 식물성 기름, 생선, 견과류, 씨앗에 있는 '좋은' 콜레스테롤은 혈관에 엉겨 붙지 않고 우리 심장을 건강하게 만들어 주는 지방이 들어 있지요. 이런 지방은 실내 온도에서 액체 상태인 경우가 많습니다. 하지만 고기나 유제품, 코코넛이나 야자 기름에 들어 있는 포화 지방은 실내 온도에서도 녹지 않는 고체 형태를 띠고 있어요. 그래서 이 성분은 혈관에 쌓이면 혈관을 막아 심장병의 위험을 높이고 당뇨병도 일으킨다는 이유로 오랫동안 '나쁜' 콜레스테롤이라고 알려져 왔습니다. 하지만 포화 지방이 정말로 해롭기만 한 것인지에 대해 의문을 제기하는 영양학자나 의사들도 있습니다. 몇몇 연구에서 포화 지방의 섭취량을 줄여도 콜레스테롤 수치나 심장

채식주의의 함정

전 세계적으로 20명 가운데 1명은 고기를 먹지 않아요.
그리고 여전히 많은 사람들에게 고기는 특별한 날에나
가끔씩 먹는 음식입니다.

채식주의의 시작은 수천 년 전 고대 인도와 그리스로
거슬러 올라갑니다. 고대 인도와 그리스에서는
동물에게 해를 끼치면 안 된다는 믿음이
있었지요. 또한 저마다 가진 종교, 신념 등의
이유로 채식주의 운동을 하거나 그것을
실천하는 집단도 있었습니다.

오늘날 채식주의자들은 가축의
가공 방식에 대한 반대나 환경
문제 때문에, 혹은 건강을 위해서
고기를 먹지 않지요. 고기에 포화 지방과
콜레스테롤이 많이 들어 있기 때문에 이를
먹을 경우 심장병이나 대장암에 걸릴 위험이 높아질
거라는 이유로 말이에요. 그래서 채식주의자들은 심장병이나
암, 당뇨병, 비만에 걸릴 확률이 낮습니다.

유제품과 달걀까지도 먹지 않는 엄격한 채식주의자들과
일반 채식주의자들의 식단은 무척 건강하다고 볼 수
있습니다. 하지만 동물성 식품에는 우리에게 꼭 필요한
영양소도 있기 때문에 무조건 동물성 식품을 먹지 않는 것은
우리가 따를 만한 식단은 아니에요. 또한 치즈가 들어간
피자나 감자튀김, 도넛을 많이 먹는 채식주의자라면 건강을
지키기가 힘들지요. 채식주의자에게는 콩이나 통밀, 견과류,
씨앗, 식물성 고기 같이 단백질과 철분이 풍부한 음식을
섭취하는 것이 매우 중요합니다.

병 발병에 영향을 주지 않았기 때문입니다.

하지만 트랜스 지방은 정말 나쁜 녀석이에요. 여기에는 모두가 동의합니다. 트랜스 지방은 식물성 지방을 고체 상태로 가공하기 위해 수소를 첨가하는 과정에서 생기는 지방입니다. 고체가 된 트랜스 지방을 마가린이나 쿠키, 크래커, 구운 빵에 넣으면 제품의 농도를 적절하게 맞추거나 더 오래 보존할 수 있지요. 패스트푸드점에서는 트랜스 지방으로 감자튀김을 만들기도 합니다. 트랜스 지방이 인기가 많은 이유는 버터나 야자 기름 같은 다른 고체 지방에 비해 저렴한 가격으로 풍성한 맛을 낼 수 있기 때문이에요. 놀랍게도 한때는 고체 지방보다 트랜스 지방이 몸에 더 좋다고 여긴 적도 있었답니다. 하지만 1990년대에 트랜스 지방이 '나쁜' 콜레스테롤 수치를 높여 심장병에 걸릴 위험을 높인다는 사실이 밝혀졌고, 그때부터 여러 나라에서 사용을 금지했어요.

식단을 영양학적으로 훌륭하게 만들고 싶은가요?
검색 웹사이트인 구글에서는 어떤 식품을 검색할 때마다
결과 창의 오른쪽에 영양학적 분석표를 함께 제공합니다.
어떤 음식을 다른 음식과 비교하고 싶을 때도 검색창에 비교를
원하는 음식을 적고 검색을 누르기만 하면 됩니다.
영양 성분이 나란히 비교되어 나오니 한번 검색해 보세요.

유행에 민감한 영양소

우리의 몸이 제대로 작동하려면 단백질과 탄수화물, 지방이
필요해요. 그런데 이 영양소도 시대별로 유행을 탔습니다. 1970년대와
1980년대에는 고단백질, 고지방, 저탄수화물 식품이 굉장히 인기를
끌어서 다이어트를 하는 사람들도 버터를 한 조각 얹은 스테이크를
먹었지요. 그러다가 지방의 평판이 나빠지자 슈퍼마켓은 재빨리
지방이 들어가지 않은 쿠키나 과자, 냉동식품을 내놓기 시작했습니다.
2000년대에는 다시 유행의 흐름이 바뀌어서 의사들은 고기와 샐러드를
기본으로 한 저탄수화물 고단백질 식사를 권하고 있지요. 무엇이 건강에
좋은 식사인지 헷갈릴 지경입니다.

하지만 의사와 영양학자들이 변함없이 공통적으로
추천하는 것이 있습니다. 바로 균형 잡힌 식사예요.
채소, 과일, 통곡물, 콩과 같이 몸에 좋은
탄수화물과 단백질, 그리고 견과류와 올리브유와
같은 몸에 좋은 지방에 고기와 유제품, 가공
탄수화물은 약간만 곁들이는 식단이지요.

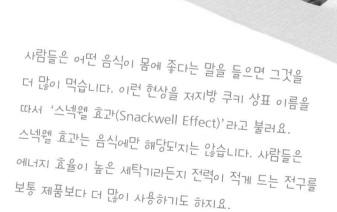

사람들은 어떤 음식이 몸에 좋다는 말을 들으면 그것을
더 많이 먹습니다. 이런 현상을 저지방 쿠키 상표 이름을
따서 '스넥웰 효과(Snackwell Effect)'라고 불러요.
스넥웰 효과는 음식에만 해당되지는 않습니다. 사람들은
에너지 효율이 높은 세탁기라든지 전력이 적게 드는 전구를
보통 제품보다 더 많이 사용하기도 하지요.

날씬한 몸매를 원하시나요?

음식을 많이 먹으면 살이 찝니다. 그러면 반대로 적게 먹으면 살이 빠질까요? 답은 그렇게 간단하지 않습니다. 우리 몸이 음식을 에너지로 바꾸는 '물질 대사'가 복잡한 방식으로 일어나기 때문이지요. 그런데 사람마다 이 에너지를 태우는 속도가 다릅니다. 이 속도는 나이, 몸집, 활동량 등 여러 가지 요인의 영향을 받지요.

물질 대사는 진화의 영향도 받습니다. 우리는 겨울철같이 식량을 구하기 힘든 시기에도 살아남도록 진화했습니다. 우리 몸의 물질 대사 체계는 아주 영리해서 먹을 음식이 많지 않으면 몸은 느려지고 다음 음식이 몸속에 들어올 때까지

칼로리를 저장하지요. 끼니를 거르며 다이어트를 하는 경우 살이 빠지다가 어느 순간 멈추는 이유가 바로 이 때문입니다. 하지만 평소처럼 먹기 시작하면 아주 빠르게 원래 몸무게로 돌아옵니다. 우리의 몸은 갑자기 굶주리게 되면 살아남기 위해 칼로리를 유지하고자 하기 때문이에요. 따라서 끼니를 거르기보다는 충분한 운동과 함께 먹는 양을 줄이고 과일이나 채소 등의 간식을 적당량 먹는 것이 물질 대사를 빠른 속도로 유지하는데 좋습니다.

패스트푸드가 우리 몸에 미치는 영향

2004년에 미국에서 제작된 다큐멘터리 〈슈퍼 사이즈 미(Super Size Me)〉의 감독 모건 스펄록은 독특한 실험을 했습니다. 한 달 동안 삼시 세끼를 모두 패스트푸드만 먹으면 몸에 어떤 변화가 오는지 알아보는 실험이었지요. 결과는 놀라웠어요. 치즈버거와 감자튀김, 밀크셰이크만 먹으며 하루에 5천 칼로리씩을 섭취하자 2주도 되지 않아 건강했던 스펄록의 몸이 불어나기 시작했습니다. 또한 감정 기복이 심해졌고, 두통과 무기력증, 부정맥이 생겼지요. 실험이 끝날 무렵에는 몸무게가 11킬로그램이나 늘어났고 콜레스테롤 수치도 치솟았습니다. 의사는 스펄록의 건강이 이렇게나 빨리 나빠진 데 대해 놀라움을 감추지 못했습니다.

스펄록의 실험은 나쁜 식생활이 건강에 얼마나 빠른 속도로 큰 영향을 미치는지를 보여 주는 충격적인 사례이지요. 하지만 이 실험은 지나치게 극단적입니다. 우리는 매 끼니를 패스트푸드로 채우지 않을뿐더러 특별한 주제의 영화를 찍기 위해 예전보다 두 배의 칼로리를 섭취해야만 하는 상황도 아닙니다. 그렇다면 기름진 햄버거와 감자튀김, 밀크셰이크를 일주일에 한 번, 또는 한 달에 한 번 정도 먹을 경우에는 몸에 어떤 변화가 일어날까요? 이런 다큐멘터리를 찍은 사람이 없기 때문에 확실히 말하기는 힘듭니다.

또한 음식이 우리 몸에 미치는 영향은 장기적으로 나타나기 때문에 단시간 내에는 확실히 알기가 힘들지요. 상했거나 우리 몸에 알레르기를 일으키는 음식이라면 몸에 즉각적인 반응이 일어날 테지만, 보통은 영향이 그렇게 빠르고 확실하게 나타나지 않습니다. 그리고 사람들은 대부분 여러 가지의 음식을 한꺼번에 먹는 데다 음식 외에도 건강에 영향을 주는 요인들이 많이 있기 때문에 더욱 복잡해집니다. 따라서 특정 음식이나 식습관이 정확히 건강에 어떤 영향을 미치는지는 알기 어렵지요. 그러니 어떤 음식이 몸에 완전히 좋다거나 나쁘다고 말하기란 어렵습니다.

게다가 사람의 몸은 제각기 특징이 있고, 음식에 대한 반응도 다릅니다. 가령 패스트푸드만 먹고도 날씬한 몸매를 유지하며 건강하게 지내는 사람도 있고, 샐러드나 현미만 먹고 가공식품은 입에도 대지 않지만 매일 골골대는 사람이 있는 것처럼 말이에요. 하지만 이런 사례들은 예외의 경우라고 할 수 있어요. 일반적으로는 설탕이 많이 들어간 음식이나 가공식품을 배제하고 채소와 과일, 자연식품과 같이 몸에 좋다고 여기는 음식을 주로 섭취하는 식생활을 실천해야 건강하게 지낼 수 있습니다.

진흙을 먹는 사람?

필요한 만큼 비타민과 무기염류를 섭취하지 않으면 우리 몸은 조금 별난 방식으로 그것을 보충하려 하기도 합니다. 어떤 사람들은 흙, 분필, 진흙 등을 먹으려는 행동을 보이는데, 이런 증상을 '이식증'이라 부릅니다. 이는 텔레비전의 기인열전에나 나올 법한 이상한 행동이지만, 사실 어린이나 임신부에게 심심치 않게 나타나는 증상이에요.

그 원인은 특정 영양소의 부족이라고 알려져 있습니다. 철분이나 칼슘이 부족하면 흙같이 무기염류가 풍부한 물질을 먹으려는 강렬한 욕구가 생길 수 있다는 거지요. 예컨대 인도의 한 임신부는 석회석을 빨아 먹어 왔는데, 석회석에는 뼈를 튼튼하게 하는 칼슘이 들어 있습니다.

경고! 이 페이지에는 땅콩이 들어 있음

사람의 몸은 같은 음식에 대해서도 저마다 매우 다른 반응을 보일 수 있습니다. 이 점을 잘 보여 주는 예가 바로 알레르기예요. 음식 알레르기는 몸의 면역계가 음식 안의 특정 단백질을 해로운 물질이라고 착각하는 것입니다. 그래서 면역계는 상상 속의 적군을 공격하기 위해 백혈구를 내보내고, 그에 따라 알레르기 반응이 일어나지요. 알레르기 반응은 형태가 다양한데, 주로 피부에 발진이 일어나거나 입술과 혓바닥이 붓고 숨을 쉬기 어려워지는 등의 모습을 보여요. 가끔은 '아나필락시스' 반응과 같은 쇼크 증상이 일어나 목숨이 위태로워지기도 하지요. 어떤 음식에 알레르기가 있다면 아주 적은 양만 먹거나 심한 경우에는 만지기만 해도 이런 반응이 일어날 수 있기 때문에 굉장히 불편하고 위험할 수 있습니다. 하지만 이에 대한 뚜렷한 치료법은 아직까지 없답니다.

지난 수십 년 동안 서구 사회에서 음식 알레르기 체질을 가진 사람들이 빠르게 늘어났습니다. 그 이유는 확실히 밝혀지지 않았지만, 의사들에 따르면 음식 알레르기 때문에 응급실을 찾는 사례도 늘고 있다고 합니다. 그래서 식품 회사들은 제품의 성분표에 알레르기를 일으킬 수 있는 성분이 있는지 표시하고, 학교에서는 아이들에게 알레르기를 흔히 일으키는 식재료를 급식 메뉴에 넣지 않기 시작했습니다.

한편 개발도상국에서는 알레르기를 일으키는 비율이 선진국에 비해 현저히 낮습니다. 이렇게 나라마다 차이가 나는 이유가 뭘까요? 이에 대해서는 서구 국가들의 지나치게 깨끗한 현대적 생활 방식이 주된 원인이라는 설이 인정받고 있습니다. 우리 몸의 면역계가 제대로 발달하려면 어느 정도 지저분한 것과 세균에 노출될 필요가 있다고 합니다. 그래야 위장에서 음식을 소화하는 데 도움을 주는 유익한 세균을 얻을 수 있기 때문이지요.

알레르기가 늘어나는 데는 다른 요인들도 있을 수 있습니다. 예를 들어 다이어트를 하거나 햇빛을 덜 쬐이거나 할 경우 부족한 영양소 때문에 면역 체계가 제 기능을 하지 못해 알레르기 반응이 일어나는 것이지요. 하지만 여전히 우리는 알레르기에 대해서 모르는 것이 많습니다.

한편, 알레르기가 없는 사람들도 특정 음식에 대해 과민증을 보일 수 있습니다. 우유 안에 든 당분인 젖당이나 밀 안에 든 단백질인 글루텐에 민감한 사람들이 그런 경우입니다. 이들의 몸은 이런 특정 성분을 제대로 소화하지 못하지요. 식품에 대한 과민 증상 역시 그 원인이 정확하게 밝혀지지 않았습니다. 식생활이 원인이라고 해도 그 증상을 일으키는 성분을 콕 집어 말하기가 힘듭니다. 그럼에도 많은 사람들은 특정 음식을 피했더니 증상이 나아졌다고 얘기하지요.

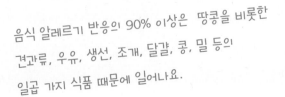

음식 알레르기 반응의 90% 이상은 땅콩을 비롯한 견과류, 우유, 생선, 조개, 달걀, 콩, 밀 등의 일곱 가지 식품 때문에 일어나요.

지금도 발전하고 있는 영양학

그렇다면 건강하게 지내기 위해서는 무엇을 먹어야 하는지 어떻게 알 수 있을까요? 인터넷이나 텔레비전에 나오는 영양 관련 연구는 많지만 이마저도 때로는 서로 모순된 내용을 전합니다. 그 이유 가운데 하나는 영양학이라는 학문이 과학의 다른 분야와 마찬가지로 계속해서 발전하고 있기 때문이지요. 그래서 새로운 연구 결과나 지식이 등장하면 그 주제에 대한 과학자들의 의견이 바뀝니다. 여러 연구들이 특정 식품 안의 다른 성분을 대상으로 한다는 점도 생각해 볼 부분이에요. 어떤 연구에서는 특정 물고기에 든 지방이 건강에 좋다고 하지만, 또 다른 연구에서는 같은 물고기 안에 든 수은이 몸에 나쁘다고 할 수 있지요. 이런 연구 결과를 듣다 보면 과학자들도 그 물고기가 좋은지, 나쁜지 결정하지 못하는 듯합니다. 게다가 언론에서는 여러 연구들을 비교하기보다는 하나의 연구만 집중해 보도할 때가 많습니다. 여러 연구를 비교하면 다른 결론이 나올 수 있는데도 말이에요.

연구들 가운데는 원인과 결과를 증명하지 못하는 사례도 있습니다. 가상의 한 연구를 예로 들어 볼까요? 순무를 많이 먹으면 잠자는 중에 사망할 확률이 높아진다고 가정해 보아요. 하지만 주의할 것은 잠자던 사람을 사망에 이르게 하는 것은 순무가 아닐 수도 있다는 점입니다. 노인의 경우 다른 연령대보다 수면 중 사망할 확률이 높은데, 노인들이 순무를 많이 먹는 것뿐일 수도 있으니까요.

또, 연구 자체가 어려운 점도 있습니다. 연구를 하

기 위해서는 장기간에 걸쳐 기록된 실험 대상자들의 정보가 필요한데, 사람들을 실험 대상으로 해서 연구실 안에 몇 달, 몇 년 동안 붙잡아둘 수가 없기 때문입니다. 그러니 실험 대상자들이 무엇을 먹었는지에 대한 정보를 자발적으로 기록한 일지에 의존할 수밖에 없지요. 하지만 사람들은 자신들이 먹은 것을 꼼꼼하게 기록하지 못하며, 기록이 정확하지도 않을 때도 있습니다. 기록을 할 때 뭘 먹었는지 생각나지 않을 수도 있고, 깜박하고 먹은 것의 양을 적지 않거나 자신이 아침에 아이스크림 한 통을 다 먹었다는 사실을 인정하기 싫을 수도 있으니까요.

식품 회사들은 영양학 연구에
많은 돈을 투자합니다. 심지어는
대학의 식품영양학, 의학,
농학 학과나 학술지, 영양학자들의
학술회의를 지원하기도 하지요.
또한 이들 회사는 의사, 영양학자,
교수들에게 공짜 식품 샘플과
교육 자료를 보내기도 합니다.
이런 후원은 연구자들의 연구 결과에
어떤 영향을 줄 수도 있지 않을까요?

식품 산업이 우리에게 미치는 영향

영양 섭취에 대한 조언이 모두 과학자나 의사들에게서 나오는 것은 아닙니다. 누군가 특정 식품에 대한 정보를 의도적으로 던지기도 합니다.

인터넷 기사나 잡지, 신문에 영양학자들이 쓴 조언 옆에는 낙농업이나 농업 등 식품 산업과 관련된 단체에서 돈을 지불했다고 써 있을 수 있어요. 그렇다고 그 조언들이 나쁘다는 것은 아니지만, 상업적인 마케팅 수단이라는 사실을 알면 분명 달리 보일 거예요.

미국에서는 학교나 병원에서 영양학 조언을 할 때 정부의 지침인 '마이플레이트(MyPlate)'를 기초로 합니다. 이러한 식품 지침은 과학자와 영양학 전문가들의 조언을 기초로 만들어서 우리가 어떤 종류의 식품을 하루에 얼마나 먹어야 할지 추천해 주지요. 그래서 사람들에게 객관적이고 바람직한 건강 지침으로 제시되고 있습니다.

하지만 우리는 그 지침에 대해 주의 깊게 생각해 보아야 합니다. 그 뒤에는 식품 산업 종사자들의 입김이 들어간다는 사실은 잘 알려져 있지 않기 때문이에요. 예컨대 1992년 캐나다의 식품 지침이 개정될 때 축산업과 낙농업계에서는 현재 지침에서 고기와 유제품의 섭취 권장량이 너무 적다고 불평했습니다. 그 결과 최종 선택된 지침에서는 고기와 유제품의 섭취 권장량이 늘었지요. 이처럼 정부는 식품 생산자들을 보호하는 동시에 국민들의 건강도 챙겨야 할 의무가 있는데, 이 두 가지 목표는 가끔 충돌하기도 해요. 그래서 의료계에서는 낙농업, 축산업, 양곡업의 이해를 대변한다는 점에서 식품 지침을 비판해 왔습니다.

예를 들어 유제품은 고유한 식품 범주로 취급되는데, 많은 영양학자들은 유제품이 그 정도로 큰 영양 보급원은 아니라며 이를 비판합니다. 또한 이런 식품 지침은 백인들이 전통적으로 먹었던 식품에 편중되는 경향이 있습니다. 아시아계, 아프리카계 미국인과 아메리카 원주민들은 백인들에 비해 우유 안에 든 젖당을 잘 소화하지 못함에도 불구하고 말이지요.

한편 정치적인 압력이나 식품 산업의 영향력에서 벗어나 독립적으로 연구하는 과학자들이 만든 대안적인 식품 지침도 있습니다. 하버드 대학교 공중 보건학과에서 만든 지침인 '헬시 이팅 플레이트(Healthy Eating Plate)'를 보면 채소와 생선, 채식주의자를 위한 단백질원, 건강한 지방에 더 큰 비중을 두었으며, 유제품은 아예 주요 식품 범주로 잡지 않았습니다.

이제는 많이 먹지 말고 적게 먹어라! 불과 몇십 년 전까지만 해도 대부분의 식품 관련 조언은 사람들이 열량이 높은 식품을 잘 먹도록 하는 데 집중했습니다. 그 이유는 음식이 부족했던 시절, 사람들이 영양 부족에 시달리거나 비타민이 부족해 고혈병 또는 구루병과 같은 질병에 쉽게 걸렸기 때문이에요. 하지만 오늘날에는 정반대의 상황으로 바뀌었습니다. 열량이 지나치게 많은 음식이 오히려 더 큰 문제를 일으키고 있지요.

햄과 소시지는 발암 물질?

2015년, 세계보건기구(WHO)가 햄, 소시지 등의 가공육을 1군 발암 물질로 분류한다는 발표를 했습니다. 매일 가공육 50g을 섭취하면 암 발생율이 18%씩 높아진다는 경고였지요. 이 발표를 근거로 한국 정부에서는 가공육에 관한 식품 지침을 제정하겠다고 밝혔어요. 그러자 허용된 식품에 대한 섭취량을 정하는 것은 혼란을 유발한다는 지적이 나왔습니다. 정작 한국인들의 1일 평균 가공육 섭취량은 6g에 그쳐 우려할 수준이 아님에도 식품 지식이 부족한 소비자들에게 불안감을 조장할 뿐이라고 말이에요. 또한 식품 지침은 개개인의 체중, 연령 등을 모두 고려해서 마련해야 하며, 섭취한 식품의 에너지를 어떻게 소모시킬 수 있는지 등의 캠페인을 함께 진행하는 것이 바람직하다고 주장했습니다.

살과의 전쟁을 선포하다

'**뱃**살 안녕!' '단기간에 17kg 감량!' '놀라운 체중 감소 효과!' 우리는 이런 다이어트 광고를 일상 곳곳에서 쉽게 마주칩니다. 다이어트 관련 책, 요리 책, 비디오, 다이어트 식품과 보조제도 숱하게 쏟아지지요. 이것들은 모두 사람들이 살을 빼거나 건강해지는 것을 목표로 하고 있습니다. 그럼에도 점점 더 많은 사람들이 다이어트 부작용으로 고통 받고 있으며, 비만 인구는 꾸준히 증가하고 있습니다. 왜 그럴까요?

대부분의 사람들은 날씬한 몸을 뚱뚱한 몸보다 가치가 있다고 여깁니다. 언론에서 매력적으로 비추는 여성들은 날씬하고, 남성들은 탄탄한 근육질의 몸매를 가지고 있지요. 식품이나 다이어트와 관련해 조언할 때도 건강해지라기보다는 살을 빼라거나 몸매를 가꾸라고 강조하는 말이 더이상 놀랍지 않습니다. 과체중인 사람이 매년 마라톤 대회에 참여하고 있고, 피트니스 잡지 표지에 건강한 사람으로 묘사된 모델은 정작 굶는 다이어트로 쓰러지기 일보 직전일지도 모르는데 말이에요.

다이어트를 하면 대부분 초반에는 몸무게가 줄어듭니다. 하지만 엄격하게 제한된 식단을 오랫동안 지속하기란 힘든 일이에요. 결국 10명 가운데 8명은 몸무게가 다시 원래대로 돌아가곤 합니다.

그럼에도 많은 사람들은 빠르고 쉬운 답을 바랍니다. 꾸준한 운동과 함께 균형 잡힌 식사를 하고, 몸에 좋은 간식을 먹으며, 설탕과 불량 식품을 피하라는 고전적인 충고는 지루하게 들리지요. 충고에 따른 결과가 나오려면 몇 달은 걸릴 테니까요. 하지만 장기적인 관점에서 보면 이러한 합리적이고 건강한 방식이 빠르게 살을 빼는 최신 유행 다이어트 법보다 훨씬 효과적이에요.

아래는 특정 다이어트 법을 알게 되었을 때 따져 봐야 할 몇 가지 주의사항입니다.

❋ 과장 광고를 곧이곧대로 믿지 마세요. 사람들에게 돈을 주고 특정 다이어트가 효과적이었다고 말하게 하는 경우가 많기 때문입니다. 또 다이어트의 결과는 사람마다 다르기 마련입니다. '효과가 너무 좋아서 의심스럽다면 사실이 아닐 확률이 높다.'는 말을 명심할 필요가 있습니다.

❋ 항상 비판적으로 생각하고, 영양에 대한 기본 상식을 알아 두세요. 무언가가 장기적으로 자신의 몸에 좋지 않으리라 생각된다면 자신의 직감을 믿어도 좋습니다!

❋ 건강에 좋은 몸무게를 만들기 위해서는 심한 다이어트를 하지 않는 게 좋습니다. 대신 한 단계, 한 단계 합리적이고 건강한 방법으로 실행에 옮기세요. 몸을 잘 챙기고, 몸에 좋은 음식을 먹으며 매일 즐겁게 운동하는 것이 기분 좋게 실천할 수 있는 바람직한 다이어트 방법입니다. 지금 몸무게가 얼마나 나가든 말이에요.

몸매나 몸무게보다 식습관!

　　몇몇 영양학자와 공중보건 전문가들은 비만에만 초점을
맞추는 것은 잘못이라고 주장합니다. 비만에만 초점을 맞추면
사람들이 얼마나 건강한가보다는 자신의 몸매가 어떻게
보이는가에 더 집중하기 때문이지요. 전문가들은 비만은
식습관이 나쁘고 운동을 충분히 하지 않아서 생기는 것이며,
우리는 사람들의 몸매와 몸무게보다 이 문제에 더 신경 써야
한다고 말합니다. 비만인 사람들은 평균 체중을 가진 사람들에
비해 심장병이나 당뇨병에 걸릴 확률이 높은데, 이것은
단순히 몸무게가 많이 나가서라기보다는 식습관의
문제입니다. 또한 몸매가 나쁜 데 대해 수치심을 덜
느끼는 사람들이 운동과 식단 변화를 통해 건강을
개선할 확률이 높다는 연구 결과도 있습니다.

오늘날 한국의 아동·청소년 10명 중 1명은 비만입니다.
아동·청소년 비만은 꽤 심각한 문제입니다. 심혈관계
이상 등 다양한 합병증은 물론이고, 성조숙증을
유발시키며, 비만 아동·청소년의 90%가 성인 비만으로
이어진다고 합니다. 그런데 세계보건기구에서는
2020년 한국의 비만 아동·청소년 수가 3~4배
더 증가할 것으로 전망하고 있습니다.

독이 되는 독소 제거

다양한 다이어트 방법 중 몸 안의 독소를 제거해서 살을 빼는 '디톡스 다이어트'가 유행한 적이 있어요. 하지만 사실 독소 제거법은 무척 극단적인 방법입니다.

대부분의 의사들은 독소 제거가 불필요하다고 말하지요. 우리 몸에는 이미 독을 제거해 주는 소화계라는 장치가 존재하기 때문이에요. 게다가 사람들은 독소 제거나 단식을 통해 빠르게 몸무게를 줄이려 하지만, 이렇게 얻은 결과는 오래 가지 않습니다. 독소 제거를 하면 실제로 몇 킬로그램은 빨리 빠지는데, 그 이유는 아무것도 먹지 않으면 몸에서 수분이 빠져나가기 때문입니다. 하지만 그 결과 근육량이 줄고 어지럼증, 두통, 무기력증 같은 부작용을 초래하지요. 오랫동안 단식을 하거나 제한적인 방법으로 독소 제거를 한 사람들에게는 심각한 건강 문제가 생길 수도 있습니다.

정말로 단식은 가능할까?

사람은 음식을 먹지 않고 얼마 동안 살아남을 수 있을까요? 실제로 음식을 먹지 않는 단식은 여러 종교의 전통이며 영적인 수련을 위한 방법이기도 해요. 하지만 3주 정도 음식을 먹지 않으면 인간의 몸은 기능을 멈춰 버립니다. 우리의 몸은 사흘만 물을 마시지 않아도 위험해지지요. 그렇지만 역사적으로 종교인들이나 영적 수련자들은 이보다 훨씬 오랜 기간 단식을 했다고 전해집니다.

1800년대 후반에는 미국과 영국에 별난 유행이 있었어요. '굶는 소녀들'이라 불리는 10대 여자 청소년들이 몇 달, 심지어는 몇 년 동안 음식을 전혀 먹지 않거나 아주 적은 양만 먹으면서 생존했다고 주장했지요. 게다가 이들 중 상당수는 자신에게 미래를 예언하는 등의 특별한 힘이 있다고 주장했습니다. 심지어 몇몇은 언론을 통해 유명인이 되기도 했고요. 하지만 의사들이 조사한 결과 이들이 몰래 음식을 먹었다는 사실이 드러났지요. 오늘날 많은 학자들은 이 소녀들에게는 기적이 일어난 게 아니라 음식을 제대로 못 먹는 섭식 장애가 있었을 거라고 생각하고 있습니다.

오늘날 기 수련자들은 햇빛과 신선한 공기만 있으면 살아갈 수 있다고 주장합니다. 그리고 몇몇은 몇 달 동안 음식은 물론 물도 먹지 않고 살 수 있다고 말하지요. 하지만 의사들이 검진을 한 결과 이들 중 단 며칠이라도 음식과 물을 먹지 않은 사람은 없었습니다.

음식을 대하는 우리의 자세

몸에 좋은 음식을 먹기는 사실 어렵지 않습니다.
하지만 이것을 굉장히 어려워하는 사람들이 많지요.
무엇을 먹는 게 좋은지는 어느 정도 알고 있지만,
시간이나 비용 문제 때문에 실천으로 옮기기가 어렵기 때문입니다.
또 햄버거와 탄산음료가 브로콜리나 물보다 더 끌리는 것도 사실이지요.
이처럼 세상에는 몸에는 나쁘지만 맛좋은 음식이 많습니다.
하지만 건강한 식습관을 가진 사람들을 보면 기름지고 단 음식을
좋아하지 않고, 채소나 과일, 통곡물을 좋아하는 경우가 많습니다.
어떻게 하면 건강하면서도 맛있는 음식을 먹을 수 있을까요?

몸무게에 지나치게
신경 쓰기보다는 운동을
많이 하고 몸에 좋으면서도
여러분이 좋아하는 음식을
먹도록 노력해 보세요.

어떤 이유에서든
의사나 영양학자의
조언 없이는 특정 범주의
음식을 완전히
끊지는 마세요.

요리에 취미를 붙이는 것도 좋아요!
한 번도 사용하지 않았던 약초나 향신료를
사용해 보고, 색깔이 화려한 과일이나 채소로 접시를
예술 작품처럼 장식해 보세요. 요리책이나 음식 관련
웹사이트를 보면 훌륭한 영감을 받을 수 있을 거예요.

4장

프랑켄슈타인
음식

고 대부터 사람들은 음식을 맛있게 만들고, 오랫동안 맛 좋게 보관하는 방
법을 찾아왔습니다. 냉장고가 없었던 시절에는 흔히 발효나 건조, 훈제,
염장 등의 음식 보관법을 사용했지요. 실제로 중동이나 아시아 사람들은 1만 4
천 년 전부터 과일과 채소를 햇볕에 말렸으며, 북아메리카 대평원에 살던 원주민
들은 티피라는 전통 집의 꼭대기에 고기를 매달고는 아래에 불을 피워 훈제했습
니다. 이들은 분자나 미생물과 같은 음식의 화학 작용에 대해서는 알지 못했지
만 놀라운 방법으로 화학의 원리를 깨닫고 활용할 줄 알았던 셈입니다.

지난 20세기에 사람들은 과학을 활용해 음식을 다양한 방식으로 변환시켰습
니다. 덕분에 음식은 운송하기 쉽고, 먹기 안전하고, 오래 보존하고, 맛 좋고, 보
기 좋고, 더 균질하게 바뀌어 나갔지요.

우주 식량

현대 식품 가공 기술의 많은 부분은 우주 탐험 덕분에 생겼습니다. 제2차 세계 대전이 끝나자 미국과 구 소련은 우주를 탐사하기 위한 경쟁에 돌입했고, 기술을 개발하기 위해 어마어마한 돈을 투자했어요. 그러자 우주비행사들이 오랫동안 우주에서 지내며 먹을 수 있는 식량도 필요했지요. 이에 따라 동결 건조, 농축 주스, 인공 감미료, 착색료, 보존제 등을 개발했답니다.

그리고 이 혁신적인 기술 덕분에 지구에서는 간편 식품이 인기 몰이를 하기 시작했습니다. 20세기 중후반에는 간단하게 해동만 해서 먹을 수 있는 냉동 식품, 즉석에서 먹을 수 있는 다양한 통조림, 미리 조리해 포장한 밥이나 음료, 케이크 등이 등장했어요. 이런 제품들은 밖에서 사회 활동을 하느라 음식 준비에 들일 시간이 부족한 여성들에게 큰 인기를 끌었습니다. 요리에 대한 지식이 없고 서투른 사람들도 걱정할 필요가 없어졌지요.

러시아의 우주비행사 유리 가가린은 1961년에 인류 최초로 우주에서 식사를 한 사람이에요. 치약처럼 생긴 튜브 3개, 고기 통조림 2개, 초콜릿 소스 통조림 1개로 이루어진 식사였지요. 물론 맛은 무척 없어 보였지만 말이에요. 그리고 몇 년 뒤 미국 우주비행사들이 먹은 식사는 조금 더 나아졌는데, 제미니 우주 탐사 계획에 참가한 우주비행사들은 동결 건조한 새우 칵테일, 닭고기, 채소, 버터스카치 푸딩을 먹었습니다.

얼마 되지 않아 깔끔하게 포장된 가공식품은 사회적 지위가 높은 사람들의 상징처럼 여겨졌어요. 당시 가공식품은 다른 식품에 비해 다소 비쌌기 때문이지요. 뒷마당에서 채소를 기른다거나 닭을 직접 기르는 것은 오늘날에는 식도락가의 취미지만, 당시에는 가난한 사람들이 식량을 구하기 위해 해야만 했던 일이었습니다.

가공식품에는 많은 장점이 있었어요. 예를 들어 고기 같은 식품은 빨리 상하기 때문에 냉동 보관을 해야 하지요. 그러지 않으면 세균이 번식해 사람에게 병을 일으킬 수 있으니까요. 하지만 과거의 보관 기술로는 신선한 식품을 먼 거리까지 운반하는 것이 사실상 불가능했습니다. 그런데 통조림 캔의 제조, 탈수, 열 가공 기술은 세균을 비롯한 미생물을 죽였고, 그 덕에 신선도가 중요한 식품을 냉동하지 않고도 먼 거리까지 운반할 수 있었지요. 또 복숭아나 토마토 같은 특정 계절에만 나는 과일이나 채소도 언제든 먹을 수 있게 되었습니다. 하지만 식품 가공 기술은 자연 식품에 존재하는 영양분을 줄이기도 합니다. 예컨대 과일 가공식품은 신선한 과일보다 비타민 C 함유량이 낮습니다. 그뿐만 아니라 가공식품에는 일반적으로 음식을 조리할 때보다 많은 양의 소금과 설탕이 들어가며, 다른 첨가물도 많이 포함되어 있지요.

고마운 전투 식량

우주 경쟁의 시대가 저물었지만 식품 과학의 영역은 계속 넓어지고 있습니다. 그중 대표적인 것이 군식량이에요. 군인이 임무 중에 먹는 식량은 가벼워야 하고, 영양이 풍부해야 하며, 포장이 튼튼해야 하고, 극한의 환경에서도 몇 달, 몇 년 동안 보관이 가능해야 하기 때문에 만들기가 꽤 까다롭습니다. 그래서 미국 육군은 식품 과학자들을 고용해 식품 기술과 포장 기술을 연구하도록 했습니다. 이 과정에서 지금 우리에게 익숙한 제품도 개발되었어요. 엠앤엠(M&M) 초콜릿은 제2차 세계 대전 당시 미군을 위해 개발한 제품으로, 딱딱한 껍질 안에 초콜릿이 들어 있어 더운 곳에서도 잘 녹지 않습니다. 1990년대에는 제1차 걸프 전쟁이 벌어지자 이라크의 극심한 더위에서 초콜릿을 녹지 않게 하려고 초콜릿 속의 단백질과 지방을 변형하는 기술을 개발하기도 했지요.

미국 군인들의 식사는 남북 전쟁 이후 점차 발전해 왔습니다. 당시 군인들은 소금에 절인 돼지고기나 몹시 딱딱한 건빵을 먹으며 오랜 기간의 군사 작전을 버텨야 했지요. 오늘날 군인들은 작은 가방에 포장한 건조 전투 식량을 먹습니다. 그 종류는 20종도 넘는데, 그중에는 레몬 후추를 친 참치와 페스토 소스 파스타도 있고 채식주의자나 여러 문화, 종교 출신을 위한 별도의 음식도 있습니다. 전투 식량이 든 작은 가방 안에는 전투 식량을 데우는 발열기도 함께 들어 있습니다. 마그네슘과 소금, 철분이 들어 있는 이 발열기에 물을 더하면 열이 발생하지요.

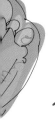

식품 첨가물, 넌 누구냐!

식품 첨가물이란 가공식품의 맛이나 질감, 모양을 보존하거나 높이기 위해 첨가하는 성분을 말합니다. 가공식품을 오랫동안 보관해도 썩지 않는 이유가 바로 식품 첨가물 때문이지요. 식품 첨가물에는 약 20종이 있는데, 비타민 C, 소금, 식초 같은 자연적인 성분과 함께 내용물의 점착을 돕는 점증제, 오랫동안 부패하지 않도록 해 주는 보존제, 재료가 서로 분리되지 않도록 도와주는 유화제 같은 인공 성분도 있습니다.

식빵을 예로 들어 식품 첨가물을 어떻게 사용하는지 한번 살펴볼까요? 빵을 만들려면 기본적으로 밀가루, 반죽을 부풀게 하는 이스트, 그리고 물 등의 세 가지 재료가 필요합니다. 여기에 이것저것 섞으면 여러 종류의 빵이 되지요. 다른 곡물을 더해 씹는 식감을 줄 수도 있고, 약간의 소금을 뿌려 맛을 낼 수도 있어요. 하지만 슈퍼마켓에서 파는 식빵 봉지의 성분표를 한번 보세요. 재료가 서너 가지를 훌쩍 넘습니다. 그중 어떤 것은 발음하기도 힘들 정도예요. 빵의 식감을 좋게 해 주는 화학 물질인 아조디카르보아미드, 빵을 부드럽게 하는 L-시스테인, 빵 굽는 시간을 줄여 주는 브롬화칼륨, 식감을 부드럽게 하고 오랫동안 보존하게 해 주는 모노글리세라이드와 디글리세라이드, 곰팡이가 자라는 것을 방지하는 프로피온산칼슘 등이 있지요.

식품 첨가물을 넣은 빵과 집에서 구운 빵을 한번 비교해 보세요. 식품 첨가물을 넣은 빵 조각은 몇 달 동안 곰팡이가 피지 않고 멀쩡한 반면, 집에서 구운 빵은 일주일도 안 되어 말라붙거나 곰팡이투성이가 됩니다.

식품 첨가제의 안전성에 대해서는 오랫동안 논쟁거리였어요. 1800년대에서 1900년대 초반까지만 해도 방부제로 흔하게 쓰였던 붕산은 독성이 있다고 밝혀졌지요. 식용 색소 적색 2호는 쥐를 대상으로 실험한 결과 암을 일으킨다는 사실이 밝혀져 금지되었습니다. 하지만 건강상의 위험과 상관 관계가 있는데도 불법이 아닌 첨가물도 있어요. 아질산나트륨은 소시지 같은 가공육에 붉은 색을 내는 물질입니다. 이 물질은 사람에게 암이나 심장병을 일으킬 위험이 높다는 연구 결과가 나왔지만 여전히 사용되고 있습니다.

식용 색소 또한 큰 논쟁거리예요. 합성 색소, 또는 인공 색소는 자연 재료로 만든 색소보다 색을 내는 데 훨씬 효과적이고 값도 쌉니다. 하지만 무엇이 더 안전한지에 대해서는 의견이 엇갈리고 있어요. 실제로 몇몇 식용 색소는 알레르기 반응을 일으키지요. 한 연구 결과에 따르면 타트라진이라고 불리는 황색 합성 색소는 아이들에게 과잉행동 장애를 일으킬 수 있습니다. 이렇다 보니 노르웨이와 스웨덴에서는 식품에 식용 색소 사용을 완전히 금지하고 있지요. 한편 각 나라별로 허용하는 식용 색소의 종류는 각각 다릅니다.

방부제의 경우 건강상의 위험을 겪는 단점보다 식품을 오래 보존하는 장점이 커서 꾸준히 사용하고 있지요. 하지만 통조림이나 건조 식품, 포장된 가공식품 가운데는 방부제를 첨가하지 않은 것들도 있으니 식품의 성분표를 꼼꼼히 살펴서 가능하면 방부제를 피하는 게 좋아요.

우유는 하얗지요. 그런데 왜 우유로 만든 체더치즈는 주황색일까요?

1800년대 이전에만 해도 봄과 여름에 들판에서 풀을 뜯으며 자란 젖소에서 짠 우유는 노르스름한 색이었습니다. 갓 돋은 풀에는 비타민의 일종인 베타카로틴이란 성분이 들어 있기 때문이었어요. 그러다가 겨울이 되어 젖소가 건초를 먹으면 우유 색이 연해졌지요. 그런데 소비자들은 봄철에 싱싱한 풀을 먹고 자란 젖소의 노르스름한 우유로 만든 노란 치즈를 선호했습니다. 결국 낙농업자들은 이런 수요에 맞추기 위해 1800년대부터 치즈에 노르스름한 색소를 첨가하기 시작했어요. 처음에는 잇꽃나무의 씨앗에서 나온 색소를 사용했고, 나중에는 합성 색소를 사용했지요. 그 결과 체더치즈는 오늘날 우리에게 익숙한 주황색으로 굳어졌습니다.

꼭 저온 살균한 우유를 마셔야 할까?

1864년 프랑스의 화학자 루이 파스퇴르는 식품을 보존하는 중요한 방법인 저온 살균법을 발명했습니다. 이는 우유나 주스 같은 액체를 짧은 시간 동안 가열한 다음 바로 냉각하는 방법이에요. 이렇게 열을 가하면 미생물이 대부분 죽기 때문에 살모넬라균이나 대장균 같은 해로운 세균이 자라지 못합니다. 이런 세균은 원래 액체에서 활발하게 번식하며 심각한 식중독을 일으키지요. 그렇다 보니 저온 살균법이 나타나기 전에는 가공하지 않은 생우유를 마시고 매년 수천 명의 사람들이 아프거나 심하면 목숨을 잃기도 했습니다. 그런데 몇몇 사람들은 생우유가 건강에 더 좋으며 저온 살균법이 우유의 비타민과 무기염류, 몸에 좋은 세균까지 죽인다고 주장했어요. 하지만 오늘날 저온 살균하지 않은 우유는 질병을 일으키는 아주 위험한 음식으로 여겨 몇몇 국가에서는 저온 살균하지 않은 우유의 판매를 금지하고 있습니다.

마술 같은 맛의 비법

  요구르트나 과일 맛 음료, 사탕, 과자의 성분표에 보이는 '천연
색소', '인공 색소'가 어떤 것인지 궁금하지 않나요? 이 색소를 만드는
사람들은 조향사나 식품 과학자들입니다. 이들은 약간의 지방, 설탕,
소금 등의 내용물로 소비자들에게 더욱 매력적인 맛을 선보입니다.
실험실에서 우리 혀의 맛을 느끼는 감각을 속여 껌을 씹을 때 딸기
맛이 난다거나 과자에서 불고기 맛이 난다고 착각하게 하는 화학
합성물을 만드는 것이지요. 이 작업은 새롭고 독특한 맛을 계속
내놓아야 하는 식품 산업에서 커다란 비중을 차지해요. 식품에 맛내기
작업을 하는 실험실들은 식품 회사에 어마어마한 값을 받고 특정한
맛을 판매합니다. 조향사들은 씹는 동안 맛이 세 번 바뀌는 껌 같은
실험적인 신제품을 만들기도 해요.

좋은 놈, 나쁜 놈, 이상한 놈?

슈퍼마켓에 있는 대부분의 가공식품에는 지방이나 설탕을 비롯한 기타 감미료, 소금 등이 일정량씩 들어 있습니다. 특히 지방과 설탕, 소금 이 세 가지 성분이 적절한 비율로 들어간 식품은 뿌리칠 수 없는 매력을 갖지요.

그 이유는 뭘까요? 식물 열매를 따먹고 지냈던 선사 시대에는 지방이나 설탕 등 열량이 높은 영양소를 쉽게 구할 수 없었기 때문에 우리의 몸은 이것을 찾도록 진화했습니다. 그래서 지방과 설탕이 많이 들어간 음식을 맛보면 우리의 몸이 가진 본능은 '더 먹어 둬!'라고 말하지요. 하지만 오늘날에는 지방과 설탕을 쉽게 접할 수 있기 때문에 지나치게 많이 먹으면 병에 걸립니다.

온갖 식품을 만드는 식품 회사들은 지금 이 순간에도 많은 돈을 들여 우리의 혀와 두뇌를 자극시킬 지방과 설탕의 완벽한 비율을 찾고 있습니다. 식품 산업에서는 이 비율을 '더없는 행복의 지점'이라고 부릅니다. '더없는 행복의 지점'에 도달하면 소비자들은 그 식품을 더 많이 먹고 싶어 하지요. 감자칩 봉지를 뜯어서 먹기 시작하면 다 먹을 때까지 멈출 수 없는 이유가 바로 이 때문입니다.

한편 식품 회사들은 이런 성분을 줄이고 몸에 더 좋은 제품을 내놓기도 하지만, 사실 이것도 몸에 더 좋다고 할 수는 없답니다. 맛을 좋게 하기 위해 또 다른 성분을 늘리는 방법을 쓰니까요. 저지방 요구르트에는 설탕이 더 들어가고, 저염분 제품이지만 지방이나 설탕을 여전히 많이 첨가하는 식이지요. 식품 회사 경영자들은 사람들을 불량 식품에 길들인다고 비난을 받지만, 그들은 맛이 없는 식품은 아무도 사 먹지 않는다는 사실을 잘 알고 있습니다. 대부분의 과자나 음료, 시리얼은 몸에 나쁜 성분을 첨가하지 않으면 우리가 알던 맛이 나지 않습니다. 그래도 좋은 소식은 몇몇 회사에서 설탕, 지방, 소금을 줄이는 방향으로 식품 제조 방법을 바꾸는 데 성공했다는 것이에요.

하지만 여전히 식품 회사에 소속된 많은 과학자들은 그들의 제품을 사람들이 안 먹고는 못 배기도록 만들려고 노력하고 있습니다. 이들은 식감이 좋도록 지방 입자를 공학적으로 변형하기도 하고 혓바닥의 맛을 느끼는 감각에 더 빠르게 도달하도록 소금과 설탕 분자를 약간 변형시키는 등의 실험을 합니다. 뇌의학 마케팅 전문가를 고용하는 회사도 있지요. 이 전문가는 사람들이 회사의 제품에 어떤 반응을 보이는지, 제품의 색깔이나 질감이 두뇌의 쾌락 중추를 얼마나 자극하는지 분석하기 위해 뇌 스캔 기술을 사용합니다.

과자나 음료를 만드는 회사들은 소비자들이 새로운 맛을 찾아 거기에 길들여지도록 노력합니다. 프리토 레이(Frito Lay)라는 회사는 매년 새로운 감자칩 맛을 만들기 위해 '맛의 귀재' 대회를 열어요. 사람들이 자신이 살고 있는 지역에서 영감을 받은 독특하고 기발한 맛을 생각해 내 인터넷에 맛의 이름을 올리면 다른 사람들이 가장 마음에 드는 맛에 투표합니다. 실제로 그 맛이 채택되어 생산이 될 경우 5만 달러를 상금으로 받지요. 2015년에는 '남부식 비스킷과 그레이비 소스 맛'이 우승했답니다.

음식에 대한 지출

한국의 가구당 월별 식료품비 지출 비율

26.5%

*한국농수산식품유통공사, 2015년도 식품산업 주요지표(2015)

식품 첨가물

사용이 허용된 식품 첨가물의 가짓수

── 미국: 약 3,000종

── 한국: 약 600종
── 유럽연합(EU): 약 350종

유전자 변형 식품

한국에 수입된 유전자 변형 생물체 규모

── 식용 228만 톤
(콩 10.2만 톤, 옥수수 12.6만 톤)

31.2억
달러

── 농업용 854만 톤

*한국생명공학연구원 유전자 변형 생물체 주요 통계(2014)

거부할 수 없는 MSG의 맛

1952년, 미국 뉴욕 브루클린의 키르슈 보틀링(Kirsch Bottling) 사는 지금껏 아무도 보지 못했던 제품을 내놓았어요. 바로 '노 칼'이란 이름의 무설탕 청량음료였습니다. 이후 다른 회사들도 빠르게 비슷한 음료를 출시했지요. 무설탕 음료는 설탕 대신 인공 감미료를 넣어 살이 찔 걱정을 덜어 낸 제품이었습니다.

수크랄로스나 아스파탐 같은 인공 감미료들은 설탕 이상으로 달콤하면서도 칼로리는 거의 없지요. 이 감미료들을 구성하는 분자들은 소화되지 않은 채 몸을 통과하기 때문입니다. 또 이를 썩게 만들지도 않아요. 이런 인공 감미료는 다이어트용 탄산음료나 껌에 흔히 들어 있으며, 커피나 차를 마실 때 편리하게 넣을 수 있도록 한 봉지씩 포장되어 있기도 합니다.

하지만 이를 접한 사람들 사이에서 자연에 없는 인공 감미료라 위험할 것이라는 소문이 돌았지요. 그래서 그동안 수차례 아스파탐이나 수크랄로스의 안전성을 실험했으며 사람들이 보통 먹는 양 정도로는 몸에 해가 없다는 사실이 밝혀졌습니다. 하지만 몸무게를 줄이는 데 실제로 도움이 되는지는 여전히 논쟁거리입니다. 한편 몇몇 과학자들은 인공 감미료가 우리의 대사 체계를 망가뜨린다고 주장합니다. 달콤한 맛 때문에 우리 몸이 그것에 열량이 많이 포함되었으리라 착각한다는 것이지요. 그렇지만 이 과정이 어떻게 일어나는지 알기 위해서는 더 많은 연구가 필요합니다.

인공 지방, 올레스트라

1990년대에는 사람들이 저지방 식품에 대해 열광적인 반응을 보였습니다. 그에 따라 식품 회사들은 앞다투어 저지방 제품을 생산했지요. 그뿐만 아니라 식품 회사에서는 '올레스트라'라는 이름의 성분을 개발하기도 했는데, 이는 몸속에서 물질대사가 일어나지 않는 지방이었습니다. 이 올레스트라가 감자칩이나 크래커 같은 고지방 식품에 들어가기 시작하자 과자를 좋아하는 사람들은 드디어 살찔 염려 없이 마음껏 과자를 먹을 수 있다고 환호했지요. 하지만 불행히도 올레스트라는 복부 경련과 설사 등을 일으킬 수 있다는 부작용이 드러났습니다. 그 결과 올레스트라는 인기를 잃었지요. 하지만 올레스트라가 들어 있는 감자칩이나 다른 과자들을 여전히 판매하기도 합니다. 그러니 올레스트라가 들어간 제품을 맛보고 싶다면 가까운 곳에 화장실이 있는지 미리 살펴봐야 할 거예요!

미래에는 무엇을 먹을까?

1960년대에 텔레비전에서 방영했던 만화 영화 〈젯슨 가족〉에는 기술이 크게 발전한 미래 사회에서 사는 가족이 나옵니다. 이 만화 속에서는 사람이 살기 위해 때마다 끼니를 챙겨 먹어야 하는 불편이 없습니다. 등장인물들은 필요한 영양분이 다 들어간 알약 하나를 입에 털어 넣을 뿐이에요. 번거롭게 요리를 할 필요도 없고, 설거지거리도 생기지 않지요. 고전 SF 영화 〈소일렌트 그린〉 역시 이런 모습을 그리지만 분위기는 좀 더 불길합니다. 이 영화 속 미래 사회의 사람들은 무섭게 이들을 통제하는 한 회사가 생산한 초록색 '웨이퍼' 과자만 먹으며 살아가지요.

사실 우리에게 필요한 각종 영양분을 알약 하나에 담기란 쉽지 않습니다. 알약만 먹고 살려면 하루에 227그램의 알약을 삼켜야 하는데, 그럴 바에는 차라리 샌드위치를 먹는 게 훨씬 간편하지요. 그럼에도 음식에 대한 대체물을 만들려는 시도는 계속됐습니다. 1950년대에는 우주비행사들에게 영양소를 제공하기 위해 비타민을 보충한 오렌지 맛 가루 주스 '탱'를 개발했습니다. 또 오늘날 식사를 대체할 수 있는 음료나 에너지바는 다이어트를 하는 사람이나 운동 선수, 아침에 바빠서 밥 먹을 시간이 없는 사람들이 애용하지요.

최근 미국 캘리포니아 주의 한 회사는 대부분의 고체 음식을 대체할 수 있는 세이크 제품을 개발할 예정이라며 1백만 달러가 넘는 투자비를 받았어요. 이들은 우리가 먹는 음식을 고체로 바꾸면 어떤 좋은 점이 있다고 광고했을까요? 먼저 고체 음식은 실제 식료품보다 값싸고 편리하며 환경친화적인 데다가 체중 감소에도 도움을 준다고 주장했습니다. 이 제품은 전 세계 식량 부족 문제를 해결하기 위한 방법으로도 소개되었지요. 하지만 상당수의 영양학자들은 실제로 음식이 우리 몸에 영양분을 공급하는 방식은 무척 복잡해서 이러한 제품이 따라할 수 없다고 주장합니다. 또한 비타민 셰이크가 사람들의 위장을 채울 수는 있어도, 사람들이 당장 맛있는 피자를 내던지고 고체 음식을 먹지는 않을 거라고도 말이에요.

유전자 변형 식품, 그 진실은?

우리가 식품에 가한 극적인 변화는 대부분 지난 20년간 이루어진 것들입니다. 그런데 사실 사람들은 이미 오래전부터 농작물을 변형시켜 왔어요. 하지만 오늘날의 유전자 변형 식품(GMO)과는 다릅니다. 유전자 변형 기술은 동식물의 DNA 구조를 바꾸어 그 생물을 변형하지요. 여기서 DNA란 모든 생명체들이 가진 기본적인 유전적 구조입니다. 이렇게 유전자를 변형함으로써 운송하기 쉽게 만들거나 영양을 풍부하게 하고 생산량을 늘리며, 바이러스나 해충, 제초제에 저항성을 갖도록 하지요. 최근에는 수요가 많은 콩이나 옥수수, 카놀라가 유전자 변형의 대상이 되고 있습니다. 또한 토마토, 서양 호박, 파파야 같은 여러 과일과 채소도 유전자 변형이 되고 있어요. 과거에 하와이에서는 파파야 농사가 모두 실패할 정도로 바이러스의 피해를 많이 입었는데, 유전자 변형을 통해 바이러스에 강한 파파야를 만들 수 있었지요.

하지만 사람들 사이에는 유전자 변형 식품에 대한 강한 반발과 공포가 널리 퍼져 있습니다. 실제로 유전자 변형 식품을 생산하는 회사들의 광고 문구와 유전자 변형 식품을 반대하는 사람들의 경고를 살펴보면, 무엇이 진실인지 가려내기가 어렵습니다. 몇몇 환경 단체와 소비자 단체들은 유전자 변형 식품을 장기적으로 섭취했을 때 우리 몸에 어떤 영향을 미치는지 아직 잘 모른다고 염려하지요. 또한 이들 단체들은 거대한 다국적 기업이 유전자가 변형된 농작물의 씨앗을 소유하고 있어서 이들이 식품의 공

실험실에서 만든 소고기

살아 있는 소가 아니라 실험실에서 만든 소고기로 햄버거를 만든다면 어떨까요? 말도 안 된다고 생각하겠지만 실제로 과학자들이 연구 중이랍니다. 실험실에서 소고기를 만들려면 동물의 근육에서 세포를 떼어 내 피와 항생제와 섞어야 합니다. 그러면 세포가 분열하면서 자라지요. 이런 이야기를 들으면 입맛이 당기지는 않겠지만, 실험실 소고기는 만드는 데 땅이나 물, 에너지가 적게 드는 등 장점이 꽤 많습니다. 사실 아직까지는 그렇게 추천할 만한 맛은 아니지만 구글의 공동 창립자나 동물 보호 단체, 심지어는 나사(NASA)와 유명 영화 배우들에 이르기까지 많은 후원자가 실험실 소고기를 지원합니다. 이들은 실험실 소고기가 실제로 밥상에 오를 날이 멀지 않았다고 생각하고 있지요. 언젠가는 농장에서 자란 소고기와 비슷한 정도로 만들어 낼지도 모릅니다.

그런데 소고기를 대체할 식품은 이미 꽤 많이 있습니다. 주로 곡물이나 대두, 콩단백질 같은 식물 성분으로 만든 것들이지요. 이런 식물성 고기는 오늘날 슈퍼마켓에서도 쉽게 구할 수 있답니다.

유전자 변형 식품인지 알려야 할까?

식품 회사에서는 소비자들이 '유전자 변형'이라는 표기를 보면 불안해할 수 있고, 식품에 안전하지 못한 무언가가 들어 있다고 오해할 수 있다고 주장하지요. 하지만 소비자 단체에서는 소비자들이 자신이 구입하는 식품에 무엇이 들어 있는지 알 권리가 있으며, 유전자 변형 식품을 먹을 것인지를 스스로 결정할 수 있어야 한다고 주장합니다. 이와 관련해 2013년 〈뉴욕 타임스〉에서 진행한 투표에 따르면 미국인의 93%가 유전자 변형 성분 포함 여부를 성분표에 기재하기를 원했습니다.

급을 좌지우지한다고 주장합니다.

한편 과학자들은 대부분의 유전자 변형 식품이 크게 위험하지 않다고 말합니다. 그리고 유전자 변형 기술은 농작물 생산량을 늘려 식량이 부족한 국가에 필요한 식량을 공급하기 위해서 꼭 필요하다고 여겨요. 뿐만 아니라 유전자 변형 농작물은 살충제와 물을 많이 필요로 하지 않아 사회와 환경에 도움이 되고, 식량 안보를 개선할 수 있다고 합니다. 반면 유전자 변형을 반대하는 사람들은 이 기술이 실제로 그런 목표를 달성할 수 있을지는 불확실하다고 하지요. 또한 유전자 변형 식품이 몇몇 농작물만 대량으로 생산하게 만들어 농작물의 다양성과 함께 생물의 다양성을 감소시킨다고 주장합니다. 따라서 지속 가능성이 높은 식량 시스템을 이루려면 환경을 통제하기보다는 환경과 함께하도록 노력해야 한다고 하지요.

과일이나 채소의 잡종을 만들기 위해서는 어떤 식물을 다른 식물과 교배하면 됩니다. 자두와 살구의 잡종인 플루오트, 귤과 한라봉의 잡종인 천혜향, 브로콜리와 콜리플라워의 잡종인 브로코플라워 등이 그 예랍니다.

음식을 대하는 우리의 자세

과학 지식과 기술이 놀랍게 발전함에 따라 우리는 훨씬
간편하고 위생적으로 맛있는 음식을 먹게 되었습니다.
우리가 하루 종일 먹는 음식은 모두 이런 기술을 토대로 만들어졌지요.
저온 살균을 한 우유나 과일 주스, 감자칩, 케첩, 아이스크림 등을
직접 만든다면 시간과 노력이 얼마나 필요할지 한번 상상해 보세요.
이토록 엄청나게 편리한 제품들 덕분에 우리의 삶은 편해졌습니다.
하지만 건강하게 균형 잡힌 식사를 하려면 아래와 같은 점들을 주의해야 해요.

식품의 성분표를 잘 살피는
습관을 들이고 모르는 성분이
나오면 찾아보세요. 발음하기
어려운 성분이라고 해서 모두 해롭거나
자연에서 나지 않는 것은 아니에요.
하지만 우리가 먹고 있는 것이 무엇인지,
그 성분이 왜 식품에 들어 있는지는
알고 있는 게 좋겠지요!

첨가물이나 설탕, 소금 몸에 좋지
않은 지방, 가공식품은 적게 먹는 것이
좋습니다. 과자나 튀긴 칩, 쿠키를
줄이고 대신 과일 몇 조각, 채소,
간하지 않은 견과류를 먹어 보세요.

식품 첨가물이 어떤 효과를 가져 오는지 직접 실험해 볼 수도 있습니다.
앞에서 살폈던 황색 색소 타트라진을 한번 볼까요? 우선 친구 세 명과 시계
또는 타이머가 필요합니다. 친구들에게 자신들의 손목이나 목을 짚어 맥박을 재어
보라고 해요. 이때 1분에 심장이 몇 번 뛰었는지 세고 그 결과를 적습니다. 그런 다음
친구 한 명에게 타트라진이 들어간 오렌지 맛 탄산음료를 한 컵 마시게 하고, 다른
한 명 역시 타트라진이 들어간 과자를 먹게 하며, 나머지 한 명은 타트라진이 들어가지
않은 과일 한 조각을 먹게 합니다. 그리고 10분 뒤에 이들의 맥박을 다시 잽니다.
맥박의 변화를 가장 많이 일으킨 식품은 무엇인가요?

5장

식품 판매에
숨겨진 비밀

오랫동안 식품 산업에서 종사한 사람들에게는 한 가지 걱정거리가 있었습니다. 바로 사람의 위장은 한계가 있기 때문에 사람들에게 팔 수 있는 음식의 양에도 한계가 있다는 것이지요. 소비자들을 요령 좋게 설득하면 더 사게 만들 수 있는 옷이나 신발과는 달리 음식은 사람들의 몸이 소화할 수 있는 이상으로 팔 수가 없지요. 그렇다면 식품 산업이 이윤을 낼 수 있는 한계는 여기까지일까요?

그렇지 않습니다. 식품 산업 종사자들은 사람들에게 필요한 양 이상으로도 음식을 판매하는 방법을 잘 알고 있어서 소비자들이 가능한 한 많은 양의 음식을 사게 합니다. 그리고 여전히 아주 많은 시간과 노력을 들여 소비자들을 유혹하는 방법을 연구 중이지요. 어떻게 포장하고, 어떻게 맛과 색깔을 내며, 어떻게 광고를 하고, 어떻게 사람들을 겨냥해야 할지를 말이에요. 미국의 식품 회사 마케팅 담당자들은 한 해에 약 18억 달러를 들여 어린이나 청소년을 겨냥한 상품을 개발합니다. 대부분 설탕이나 지방이 많이 들어 있어 어른들은 도저히 먹지 못하는 식품들이지요.

식품 마케팅 담당자와 광고업자들은 주로 어린이들이 많이 보는 텔레비전을 활용해서 온갖 방법을 동원해 자신들이 광고하고자 하는 바를 전달하려 합니다. 최근에는 인터넷이 발달해 언제 어디서든 소비자들에게 다가갈 수 있습니다. 그래서 광고업자들은 소비자들의 온라인 활동 방식을 분석해 개인별로 적절한 맞춤식 광고를 내보내고 지갑을 열게 만들려고 노력합니다. 그렇다면 어떻게, 그리고 왜 그런 노력을 기울일까요?

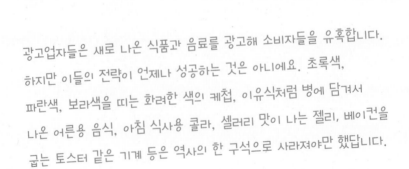

광고업자들은 새로 나온 식품과 음료를 광고해 소비자들을 유혹합니다. 하지만 이들의 전략이 언제나 성공하는 것은 아니에요. 초록색, 파란색, 보라색을 띠는 화려한 색의 케첩, 이유식처럼 병에 담겨서 나온 어른용 음식, 아침 식사용 콜라, 셀러리 맛이 나는 젤리, 베이컨을 굽는 토스터 같은 기계 등은 역사의 한 구석으로 사라져야만 했답니다.

식품을 매력적으로 만들어 주는 광고

다른 광고와 마찬가지로 식품 광고는 머릿속에 잘 각인되도록 만들어져서 우리는 지금 이 순간에도 어렵지 않게 식품 광고를 떠올릴 수 있습니다. 사실 이런 식품 광고는 우리가 무엇을 어떻게 먹고 마시는지에 대해 엄청난 영향을 끼칩니다.

미국과 캐나다에서는 소고기나 감자를 생산하는 농부들이 서로 뭉쳐 집단으로 광고판을 제작하기도 했어요. 이런 집단은 자신들 산업에 유리하게 법을 제정하려는 운동을 벌이거나 소비자 마케팅에 많은 돈을 씁니다. 또 이들은 텔레비전이나 잡지 광고를 하고, 요리책이나 요리법을 개발하며, 기자들이 특정 식품에 대한 기사를 쓰도록 설득하지요. 이 모든 노력은 사람들이 자신들의 상품을 조금이라도 긍정적인 눈으로 바라보고 더 많이 사 먹게 하기 위한 것입니다.

가끔은 이런 노력의 목적이 어떤 식품을 '다시 상품화'하거나 소비자들로 하여금 다른 방식으로 보도록 설득하기 위한 것이기도 합니다. 많은 사람들이 닭고기나 칠면조처럼 '하얀' 고기가 소고기처럼 '붉은' 고기보다 더 건강하고 맛이 연하다고 생각합니다. 그런데 미국의 농무부에서는 대부분의 영양학자들처럼 돼지고기를 붉은 고기로 분류합니다. 그 이유는 돼지가 포유동물이기 때문이지요. 하지만 미국 돼지고기 협회에서는 돼지고기를 요리하면 색이 연해지기 때문에 몸에 좋은 다른 '하얀' 고기와 비슷하다는 운동

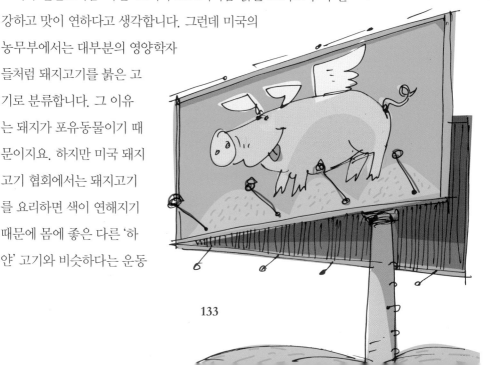

을 벌이기 시작했어요. 실제로 이 운동은 꽤 효과가 있는 듯합니다. 광고가 시작되고 12년이 지나자 미국의 소고기 소비량은 줄었지만, 돼지고기 소비량은 20% 늘어났으니까요.

상품의 이름만 바꿔서 상품을 다시 상표화하기도 합니다. 서양 자두인 프룬은 할머니들의 변비약이라는 이미지가 있었지만, 최근에 식품의 포장을 바꾸면서 이미지를 바꾸기 위해 '건조 자두'라는 이름을 붙였지요. 가끔은 사람들에게 식품을 다른 방법으로 활용하도록 권하기도 합니다. 미국 달걀 협회에서는 사람들이 달걀을 주로 주말에만 먹는다는 점에 대해 우려했습니다. 그래서 부모가 평일 아침에도 아이들에게 달걀을 요리해 주는 광고를 만들었지요. 뿐만 아니라 사람들이 저녁 식사에 달걀을 포함시키도록 권하는 운동도 벌였어요.

가끔은 식품 생산자들이 자신들이 생산하는 식품이 건강에 좋다는 이미지를 만들기도 합니다. 예를 들어 초콜릿 우유에는 설탕이 많이 들어가는데, 이는 우유를 잘 못 마시는 아이들을 위해 달게 만든 거라고 여길 때가 많았습니다. 하지만 2014년에 캐나다의 낙농업자들은 '우유로 재충전'이라는 표어 아래 초콜릿 우유를 에너지 음료로 묘사했어요. 운동 선수들이 격렬한 마라톤이나 역기를 드는 훈련을 하고 기운을 차리는 데 적합한 음료라고 광고한 것이지요.

가끔은 식당에서도 음식의 상표를 다시 만들기도 합니다.
'켄터키 프라이드 치킨'으로 알려져 있던 패스트푸드점은
1991년 KFC로 이름을 바꾸었는데, 그 이유는 '프라이드(튀긴)'라는
낱말에서 드러나는 기름지다는 이미지를 없애기 위해서였습니다.

추억의 건포도

　1980년대 미국 캘리포니아 주의 건포도 생산업자들은
건포도라고 하면 쭈글쭈글하게 생기고 따분하다는
사람들의 인식을 바꾸고자 광고를 만들기로 했습니다.
진흙 인형 캐릭터였던 '캘리포니아 건포도'들이 춤추면서
〈포도밭에서 들었지〉 같은 오래된 노래를 부르는
광고였지요. 한동안 이 건포도들은 미키마우스보다도 더
유명해져서 봉제 인형과 피규어로 만들어지고 도시락이나
옷, 포스터, 이불, 만화책에도 등장했어요. 또 텔레비전
프로그램으로도 제작되어 두 번이나 상을 탔으며, 이들이
부른 앨범은 무척 높은 판매량을 자랑했습니다.

1989년, 텔레비전
프로그램에
등장한 캘리포니아
건포도들의 모습

상표가 가진 힘

우리가 보는 식품 광고의 대부분은 '우유'나 '소고기'가 아닌 특정 식품 상표에 대한 광고입니다. 그런데 이런 광고들은 셀프서비스식 식료품점의 등장과 함께 시작된 것으로, 역사가 그리 깊지는 않아요. 소비자들이 점원에게 주문한 식료품을 받아 오는 대신 가게 선반에서 필요한 상품을 직접 고르기 시작하자 다른 상표와의 차별성을 드러내는 '상표화'가 중요해졌지요. 맨 처음 식품 회사들이 쓴 방식은 로고를 만드는 것이었는데, 주로 사람의 얼굴을 활용했습니다. 소비자들에게 제품의 인지도를 높이고 신뢰를 얻기 위해서였지요.

그 당시 신문이나 잡지에 실린 식품 광고는 제품 자체에만 집중해서 이 상표가 왜 믿을 만한지, 경쟁 제품보다 뛰어난 점이 무엇인지 설명하는 글이 함께 실리고는 했습니다. 하지만 점차 글 대신 그림이나 사진으로 전달하고자 하는 메세지를 표현했지요. 실제로 텔레비전 광고나 옥외 광고판에는 구구절절 늘어놓은 설명보다는 먹음직스런 햄버거나 아이스크림 사진을 사용하는 게 훨씬 효과적이었습니다. 식품 광고업자들은 사람들이 지갑을 열어 먹을 것을 사도록 하려면 어떻게 해야 하는지 깨달은 것입니다.

오늘날의 광고는 '상표와 개인의 동

1895년부터 쓰인 퀘이커오츠(오트밀 식품 회사)의 광고 전단지. 19세기 말에는 이런 작은 광고로도 소비자를 끌어올 수 있었다.

137

일시'라 불리는 현상에도 많은 신경을 씁니다. 그래서 우리가 스스로를 어떻게 바라보는지, 또 스스로의 모습이 어떻게 되기를 바라는지에 호소하는 광고를 만들지요. 예컨대 에너지 음료 광고에서는 심장이 쿵쾅대는 음악에 맞춰 누군가가 운동하는 모습을 보여 줍니다. 시리얼이 건강한 음식이라고 얘기하고 싶은 광고에서는 날씬한 여성이 요가를 하거나 허리 사이즈를 재는 모습이 나오고요. 또 피자 가게 광고는 10대 여러 명이 웃고 즐기며 피자를 먹는 모습을 보여 줍니다. 각각의 사례들에서 광고는 음식 자체보다는 사람들의 생활 방식에 더 많이 집중합니다. 이 상품을 구입하면 당신의 삶도 이렇게 변한다고 전하는 것이지요.

햄버거 광고의 비밀

광고에 나오는 햄버거가 맛있어 보일수록 실제로는 맛이 없다는 사실을 알고 있나요? 무척 먹음직스러워 보이는 햄버거 사진은 전문 푸드스타일리스트들이 몇 시간 동안 매만지고 공들여서 찍은 결과입니다. 실제로 사진 속 햄버거를 베어 물면, 두툼해 보이도록 거의 안 익힌 고기, 빵이 질척거리지 않도록 하는 판지, 양상추와 깨를 제자리에 붙어 있게 하는 핀과 풀, 먹음직스러워 보이는 색을 내는 염료를 먹게 될 거예요.

상품의 포장지에 담긴 정보들

오늘날 사람들은 어느 때보다도 건강한 음식을 먹고자 하는 열망이 강하여 살충제나 방부제, 지방, 설탕 등을 최대한 피하려고 애씁니다. 또 많은 사람들이 윤리적 소비를 통한 식생활을 하려고 하지요. 비좁은 환경에서 생산하는 고기나 달걀, 다른 해양 동물에게 해를 끼치면서 잡은 해산물 등을 먹지 않는 식으로 말이에요. 식품 회사들도 이런 흐름을 알고 있기 때문에 광고나 포장지에 이 제품이 건강하고 생산 과정에서 환경에 해를 끼치지 않았다는 사실을 나타내는 단어나 그림을 사용합니다.

하지만 식품 광고업자들에게는 따라야 할 규칙이 있습니다. 문구에 담긴 내용이 사실이어야 하고, 사람들을 오해하게 만드는 단어나 이미지를 써서는 안 됩니다. 다음에는 한 번쯤 봤을 법한 광고 용어와 기법들이 나와 있으니 이에 대해 제대로 알아두도록 해요.

❊ **라이트(가벼운), 저함량(저~):** 어떤 상품에 '라이트' 또는 '저~'가 붙으면 이 제품은 기존 제품보다 열량이나 지방 함량이 낮습니다. 식품 회사는 일반 제품과 그것보다 지방이나 염분, 또는 설탕이 덜 들어간 제품을 같이 만드는 경우가 많지요. 시리얼이나 요구르트에 이 단어가 붙으면 설탕이나 지방 등이 덜 들어갔다는 뜻입니다. 하지만 이것은 그 성분이 기존 제품보다는 적다는 뜻이지, 다른 식품보다도 적다는 뜻은 아닙니다. 설탕이 적은 잼이라 해도 그 안에 들어간 설탕은 여전히 꽤 많습니다.

❊ **자연산, 자연적인:** 이 용어는 건강에 신경 쓰는 소비자들에게 제품의 영양이 풍부하다는 점을 알리기 위해 씁니다. 캐나다의 규정에 따르면 '자연산' 제

139

품에는 인공 감미료나 첨가제, 합성 비타민이나 미네랄을 넣어서는 안 됩니다. 하지만 자연 그대로의 것이라 해서 꼭 몸에 좋은 식품이라고 할 수는 없습니다. 자연산이지만 설탕이나 나트륨, 포화 지방이 많이 들어 있을 수도 있기 때문이지요.

❋ **통곡물로 만든:** 이는 완전히 곡물만을 이용해 만들었다는 뜻이 아닐 때가 많습니다. 만약 오로지 곡물로만 만들었다면 '100% 통곡물'이라고 표기했을 거예요. '진짜 과일로 만들었음'이란 문구 역시 마찬가지입니다. 사탕이나 곡물바에 진짜 과일이나 과일 주스를 넣었을지도 모르지만, 그것이 주된 성분은 아닐지도 모릅니다. 그러니 성분표를 확인하세요. 만약 표의 맨 앞에 '흰 밀가루'라고 적혀 있다면 이 제품은 통곡물이 함유된 것일 뿐 주성분은 통곡물이 아닙니다.

❋ **트랜스 지방 제로, 콜레스테롤 제로:** 트랜스 지방이나 콜레스테롤 성분이 없는 제품이라고 해도 포화 지방의 함량은 높을 수 있습니다. 콜레스테롤은 동물성 음식에서만 발견되므로, 식물성 기름으로 튀긴 과자나 야자 기름으로 만든 쿠키는 '콜레스테롤이 없는' 제품입니다. 하지만 대신 이런 제품은 지방 함량이 높지요.

❋ **자연 방사, 자연 방목:** 고기로 제공하기 위해서 기른 닭들은 야외에 방목해서 키웠다는 사실을 증명해야 하지만, 알을 낳기 위해 기르는 닭에는 이런 사

실을 증명할 필요가 없어서 공통으로 적용되는 기준이 없습니다. 한편 '자연 방사'라는 말은 닭들을 차곡차곡 쌓은 우리에서 키우는 대신 공장에서 여러 마리를 빼곡하게 풀어놓고 길렀음을 뜻할 수도 있습니다. 닭을 어떻게 길렀는지 자세히 알고 싶다면 식품을 제공한 회사 홈페이지를 방문해 보세요.

※ **유기농, 무농약:** 어떤 제품이 '유기농 또는 무농약'이려면 정부에서 정한 기준을 충족시켜야 합니다. 제품에 들어 있는 재료가 적어도 95% 이상은 유기농이어야만 유기농이라는 표시를 붙일 수 있지요. 만약 유기농 재료가 70%에서 95% 사이이면, '유기농 재료 함유'라고 적을 수 있습니다. 이때 '유기농'이라고 해서 다 몸에 좋은 것은 아니라는 점을 주의해야 해요. 유기농 시리얼이라 해도 설탕이 많이 들어 있을 수 있고, 유기농 감자칩이라 해도 지방이

나 소금이 다른 제품과 비슷한 정도로 들어 있을 수 있기 때문입니다. 한국에서는 친환경 농산물을 '유기 농산물'과 '무농약 농산물'로 구분합니다. 유기 농산물은 농약과 화학 비료를 전혀 사용하지 않고 키운 농산물이며, 무농약 농산물은 농약을 전혀 사용하지 않고 화학 비료를 권장량의 3분의 1 이내로 사용해서 키운 농산물이에요.

※ **무항생제:** 더 많은 양을 얻기 위해 사용했던 인공 사료가 인간의 몸에도 영향을 줄 수 있다는 문제가 대두되면서 사람들은 항생제를 먹이지 않고 안전하고 질 좋은 사료를 먹인 가축에서 얻은 고기와 달걀 등을 찾기 시작했어요. 이러한 식품들 앞에 '무항생제'를 붙여 무항생제 고기, 무항생제 달걀이라고 합니다.

✳ **순수(100%):** 어떤 제품에 '순수 100%'라고 적혀 있다면, 100% 한 성분으로만 이루어져 있어야 해요. 하지만 만약 '순수한 옥수수유로 만들어짐'이라고 적혀 있다면 순수한 옥수수유 말고 방부제 등의 다른 물질이 들어 있을 수 있습니다.

✳ **설탕 성분을 나눠서 표기:** 제품 성분표를 보면 그 제품에서 해당 성분이 어느 정도 비율로 들어 있는지 알 수 있지요. 그런데 가공 식품 가운데 상당수는 옥수수 시럽, 전화당, 덱스트로스 같이 다양한 형태의 당분을 포함합니다. 그러니 설탕이 얼마나 들어 있는지 정확하게 알려면 이런 성분들을 모두 합쳐서 살펴봐야 해요.

물론 이런 용어를 썼다고 해서 그 제품이 나쁘다는 것도, 광고업자가 반드시 거짓말을 하는 것도 아닙니다. 다만 우리는 식품 광고에서 식품을 어떻게 표현하는지 자세히 알아 둘 필요가 있지요. 식품을 사러 가서 위의 용어들을 접하면, 문구를 잘 따져 보고 성분표의 목록을 꼼꼼하게 읽어 보세요. 식품을 바라보는 눈이 바뀔 거예요.

어디서나 볼 수 있는 광고

젊은이들을 대상으로 가장 많이 광고하는 식품의 종류

시리얼
패스트푸드
탄산음료

패스트푸드 광고

어린이 선호 시간대	일반 시간대

어린이 선호 시간대에 관련 광고가 3배 더 많이 나온다.

패스트푸드 소비량

한국 청소년의 패스트푸드 소비량 변화

2009년	2014년

12.1%	15.6%

＊한국질병관리본부, 청소년건강행태 온라인 조사(2014)

슈퍼푸드의 배신

한 참 유행처럼 번졌던 '슈퍼푸드'에 대해 들어 본 적이 있을 거예요. 슈퍼푸드는 건강에 아주 좋다고 여기며 때로는 특정한 의학적 증세를 고치거나 질병을 예방한다고 하는 식품이지요. 식품 유행에 관심이 있다면 이런 현상이 일어날 때 어떤 흐름이 보일 것입니다. 예를 들어 블루베리를 먹는 게 몸에 좋다는 연구 결과가 나옵니다. 그러면 여기에 대한 뉴스가 쏟아져 나오고 블루베리는 순식간에 슈퍼푸드로 식품 산업에서 각광받습니다. 곧 블루베리가 들어간 요구르트나 곡물바 등의 제품들이 쏟아져 나오지요. 앞서 나온 연구 결과는 이 제품들에 대한 광고를 정당화합니다. 그리고 곧 슈퍼푸드가 모든 곳을 점령합니다.

사실 '슈퍼푸드'라는 용어는 영리한 마케팅 수단입니다. 물론 '슈퍼푸드'로 불리는 음식이 모두 과장되었다는 뜻은 아닙니다. 실제로 베리는 비타민 C가 풍부하고, 케일은 무기염류와 비타민이 많이 들어 있습니다. 그런데 사실 거의 모든 음식들이 슈퍼푸드와 같은 역할을 할 수 있어요. 게다가 슈퍼푸드가 암을 치료한다는 등의 사실은 과학적으로 증명되지도 않았습니다. 또한 슈퍼푸드를 많이 먹으면 식생활에 균형이 깨지지요. 지나치게 많이 먹으면 오히려 몸에 해로울 수도 있고요.

주스의 은밀한 비밀

　석류 주스는 정말 석류로 만들었을까요?
2014년 미국 대법원에서는 코카콜라 사가 거짓
광고를 냈다는 별난 소송의 재판이 있었습니다.
문제의 광고 문구는 "석류와 블루베리가 혼합된
다섯 과일이 들어간 주스"였습니다. 주스 병에는
이 과일들의 그림이 그려져 있었고 "석류와
블루베리"라는 글자가 나머지 글자보다 훨씬
컸지요. 하지만 석류와 블루베리의 실제 함량은
주스 병의 바닥도 다 못 채울 정도로 적은
양이었어요.

　코카콜라의 경쟁사는 이런 광고가 소비자를
속이는 것이라고 주장했습니다. 건강한 과일인
석류와 블루베리 주스를 조금 섞어서 생색은 다
내고 정작 대부분은 값싼 성분으로 채웠다는
것이지요. 여기에 대해 코카콜라 사는 이 주스가
석류와 블루베리 '맛'이 나는 음료일 뿐이니
자신들에게는 잘못이 없다고 주장했습니다.
하지만 대법원은 코카콜라 경쟁사의 편을
들어주었지요.

개인을 공략하는 마케팅

'상표와 개인의 동일시'는 소셜 미디어에서 이루어지는 마케팅의 중요한 부분입니다. 어떤 상품이나 식당의 SNS 계정을 '팔로잉'하거나 '좋아요'를 누르도록 요청하는 것은 식품 회사들이 자신들의 상표를 소비자들의 정체성의 일부로 여겨 달라고 부탁하는 셈이에요. 식품 회사들은 쿠폰이나 할인, 경품 등을 통해 사람들을 유혹합니다. 그러면 사람들은 자신이 좋아하는 식당 체인점이 새로운 위치에 언제 문을 여는지, 좋아하는 탄산음료의 새로 나온 맛이 어떤지 알고 싶어하지요. 이런 마케팅을 통해 식품 회사들은 소비자 개인들과 비슷한 지위를 누립니다. 온라인의 사생활 공개 설정 정도에 따라 이 회사들은 소비자의 연락처에 접근하기도 하고, 친구들과 나눈 사적인 대화를 캐내기도 하며 소비자들이 온라인에서 하는 행동에 대한 데이터를 모읍니다. 그리고 그 정보를 토대로 개개인이 무엇을 좋아하는지 알아내 여기에 맞게 대응하는 것이지요. 이렇게 하면 개개인을 식품 회사의 손님으로 계속 잡아두면서 더 많은 상품을 팔 수 있습니다.

빠르게 기술이 발전하고 문화가 바뀌면서 식품 회사들은 더 빠르게 자신들이 전하고자 하는 정보를 소비자들에게 닿게 하기 위해 지금도 노력 중입니다. 다음은 식품 회사들이 사용하는 몇 가지 전략이에요.

✳ **온라인으로 광고하는 환경을 만든다**: 맥도날드에서는 영화 〈아바타〉가 나왔을 때 영화 홍보팀과 손을 잡고 사람들이 웹캠을 통해 가상 현실 게임을 할 수 있는 쌍방향 사이트를 운영했습니다. 누구나 게임의 초반부에 접근할 수 있도록 한 뒤 사람들이 맥도날드의 빅맥과 해피밀 세트를 구입하면 웹사이트의 게임을 더 진행할 수 있도록 암호를 알려 주는 식이었어요. 이 광고 덕분에 미국에서 빅맥의 매출이 18%나 늘었습니다.

✳ **소비자 개개인이 다른 사람과 정보를 공유하게 한다**: 음료수 마운틴듀는 '듀모크러시(DEWmocracy)'라는 소셜 미디어 사이트를 통해 입소문 마케팅 광고를 시작했습니다. 사람들이 직접 친구나 자신의 SNS 팔로어들에게 부탁해 이 소셜 미디어 사이트에서 새로운 음료수의 포장과 맛에 대해 투표하도록 했지요. 마운틴듀 사는 열성적인 팬들에게는 개인적인 사회 연결망 계정을 만들어 주기도 했습니다. 이 팬들이 자발적으로 영업 사원 역할을 해서 친구나 팔로어들에게 마운틴듀를 마시라고 권하도록 말이지요.

✳ **사람들이 온라인에서 하는 행동과 데이터를 추적한다**: '쿠키'라고 불리는 파일을 사용하는 웹사이트들은 사람들이 어떤 사이트에 들르는지, 얼마나 그곳에 머무는지를 계속 추적합니다. 물론 이름 같은 개인 정보까지는 모르지만 소비자들이 같은 휴대폰이나 컴퓨터로 접속하면 추적한 경로를 바탕으로 관

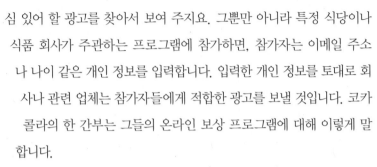

심 있어 할 광고를 찾아서 보여 주지요. 그뿐만 아니라 특정 식당이나 식품 회사가 주관하는 프로그램에 참가하면, 참가자는 이메일 주소나 나이 같은 개인 정보를 입력합니다. 입력한 개인 정보를 토대로 회사나 관련 업체는 참가자들에게 적합한 광고를 보낼 것입니다. 코카콜라의 한 간부는 그들의 온라인 보상 프로그램에 대해 이렇게 말합니다.

"우리는 특히 10대 청소년이나 젊은이들을 프로그램의 대상으로 삼아요. 이들은 휴대폰을 손에서 놓지 않고, 지나치다 싶을 정도로 오랜 시간을 인터넷상에서 보내죠."

❋ **무의식에 호소한다:** 최근 '뇌과학 마케팅'에 중점을 둔 연구들을 많이 진행하고 있습니다. 사람들의 합리적인 이성을 설득하고 어떤 물건을 사도록 충동을 자극하는 것이지요. 마케팅 연구자들은 두뇌 활동 스캔과 얼굴 표정 분석을 통해 광고에 대한 사람들의 반응을 감지하고 그에 따라 광고를 바꿉니다. 공상 과학 영화 속 이야기처럼 들릴지도 모르지만 오늘날 실제로 벌어지고 있는 일이에요.

식품 회사들은 간접 광고를 통해 소비자들의 주의를 몰래 끌기도 합니다. 텔레비전 쇼에서 콜라가 든 컵이 탁자에 올라오거나, 영화에서 등장인물들이 특정 식당에서 걸어 나오거나, 비디오 게임의 배경에 특정 상표의 광고가 등장할 때마다 돈을 지불한 회사들은 광고 효과를 누립니다. 실제로 어린이와 청소년들은 매년 텔레비전에서 수백 건의 패스트푸드 간접 광고를 접합니다. 그중 3분의 2가 탄산음료 광고예요.

천천히 먹는 패스트푸드?

예전부터 패스트푸드 체인점에서는 매장에 밝은 빨강이나 노란색을 쓰고 조명을 밝게 하며, 시끄러운 환경을 만들어서 사람들이 음식을 더 많이 먹게 했습니다. 또한 사람들이 음식을 빨리 먹고 나가도록 유도해서 손님을 더 많이 받으려 했지요. 실제로 2012년의 한 연구 결과에 따르면 몇몇 패스트푸드 점에서 조명을 약간 어둡게 바꾸고 조용한 재즈 음악을 틀었더니 사람들이 음식을 먹는 시간은 더 길어진 반면 먹는 양은 전체적으로 줄었습니다. 그렇지만 그런 분위기 속에서 식사하는 경험이 조명이 밝은 보통 패스트푸드 점보다 더 즐거웠다고 대답했지요. 이처럼 음식을 먹는 장소는 우리가 음식을 어떻게 먹는지에 큰 영향을 줍니다. 따라서 음식점을 운영하는 사람들은 그곳이 패스트푸드 점이든 고급 레스토랑이든, 이 점을 늘 염두에 두어야 해요.

지난 밤, 슈퍼마켓에서 생긴 일

슈퍼마켓에 들를 일이 있다면 가장 먼저 눈길을 사로잡는 상품이 무엇인지 살펴보세요. 통로 끝에는 아마 할인하는 과자들과 한 캔 가격으로 두 캔을 주는 '1+1' 탄산음료가 있을 거예요. 또 시리얼이 진열된 통로의 눈높이에는 색깔이 화려한 상자들이 놓여 있을 텐데, 이것은 성분표에 설탕이 들어간 제품일 것입니다. 반면에 맛은 떨어지지만 몸에 좋은 제품들, 유명하지 않은 회사의 제품들은 발과 가까운 높이에 숨겨져 있을 거예요. 고른 상품을 계산하러 줄 서서 기다릴 때도 바로 옆에는 초콜릿, 껌 등이 진열된 선반이 있고요.

이 모든 것은 우연이 아닙니다. 슈퍼마켓은 소비자들이 원래 계획했던 것보다 더 많은 상품을 사도록 아주 많은 전략을 세웁니다. 또 사람들이 생쌀이나 채소 같은 식품보다는 비싼 가공식품을 더 많이 사도록 유도하지요. 이처럼 슈퍼마켓에서 상품을 어떻게 진열해야 소비자들의 눈길을 끌고 가능한 한 많이 사게 할 수 있는지를 연구하는 학문이 마케팅입니다. 사람들의 주의를 가장 먼저 빼앗는 상품이 무엇인지, 가장 인기 있는 상품을 어디에 진열해야 사람들이 지나치게 붐비지 않을지, 상품을 어떻게 쌓고 배열해야 할지, 어떤 상품들을 서로 가까이에 진열할지, 어떤 색깔의 표지판과 조명을 사용할지 등을 연구하지요.

할인과 쿠폰, '1+1' 판매는 슈퍼마켓에서 사람들이 더 많은 것을 사도록 하는 전략입니다. 값이 싼 물건을 더 사려는 것은 인간의 본성이지요. 또한 가격을 할인하는 것은 소비자뿐만 아니라 슈퍼마켓 입장에서도 좋은 '윈윈' 정책입니다. 우리가 주식으로 먹는 쌀이나 고기 같이 냉동실에 보관할 수 있는 식품은 할인할 때 한꺼번에 사서 쟁여 두는 게 좋습니다. 하지만 할인을 한다는 이유로 우리가 먹기도 전에 상할 수 있는 식품을 많이 사는 것은 바람직하지 않습니다. 그동안 '할인'이라는 말에 홀려 불필요한 것까지 사지는 않았는지 반성해 볼 필요가 있겠지요?

151

슈퍼마켓은 대부분의 사람들에게 꼭 필요한 빵이나 우유 같은 식품을 아주 낮은 가격에 판매하고는 합니다. 너무 싼 가격이라 실제로 그 거래에서는 슈퍼마켓이 손해를 볼 정도지요. 그런데도 왜 이렇게 할까요? 일단 손님들을 폭탄 할인 가격으로 슈퍼마켓에 끌어오면, 저렴한 빵이나 우유를 사면서 옆에 진열된 조금 더 비싼 물건도 함께 집어 들게 할 수 있기 때문입니다. 그러면 결과적으로 슈퍼마켓은 이익을 보겠지요. 이를 '미끼 상품'이라고 해요.

감자튀김도 드릴까요?

이 질문은 패스트푸드 점에 가면 정말 많이 듣지요. 혹시 식당에서 아르바이트를 해 본 경험이 있다면 비슷한 질문을 많이 했을 거예요. 이런 전략을 '추가 판매'라고 합니다. 이는 손님이 더 높은 가격에 많은 것을 사도록 유도하는 것으로, 커피를 큰 용량으로 한다든가 세트 메뉴를 시키도록 유도하는 것과 같은 판매 방식입니다. 사업가들 사이에 거래할 때 이렇게 하면 다소 눈살이 찌푸려질 수도 있지만, 외식업계에서는 아주 흔한 일이에요. 특히 패스트푸드 점에서는 언제나 추가 판매를 권유합니다. 식당에서는 종업원들에게 이런 기술을 따로 교육해서 손님들에게 양 많은 음식이나 반찬을 더 시키도록 유도하지요. 종업원들은 이렇게 식당 주인이 시키는 대로 하면서도 손님들에게는 강압적인 느낌을 주지 않도록 해야 하니 양쪽을 다 신경 쓰느라 피곤할 거예요.

음식을 대하는 우리의 자세

청소년들은 어른들보다 식품 광고에 더 많이 노출됩니다.
이렇게 광고업자들이 청소년들에게 특별히 더 주목하는 이유가
있습니다. 청소년들은 친구들과 좋은 소식을 공유하려 하기 때문에
어떤 제품이나 식당이 마음에 들었다면 친구에게 알려 주려고 합니다.
또 어른들에 비해 새로운 제품을 시험해 보는 데 거부감도 덜하지요.
게다가 일단 제품에 길들여 놓으면 아주 오랫동안 애용하게 될
가능성이 높습니다. 하지만 식품 광고업자들의 영향을 얼마나 받을지는
우리의 손에 달려 있어요. 다음 활동을 해 보아요.

텔레비전이나 인터넷, 휴대폰,
야외 광고판을 통해 하루에
식품 광고나 메시지를 얼마나
접하는지 세어 보아요.
이들 가운데 몸에 좋은 식품은
몇 가지나 되나요?

평상시 접하는 광고를 스크랩해요.
그리고 식품의 성분표나 잡지 광고,
식품 광고 문구를 한데 모아 살핍니다.
관련 그림을 그리고 사진도 붙여
보아요. 이 활동을 통해 식품 광고를
보는 눈이 어떻게 달라졌나요?

웹사이트의 '쿠키' 파일이 어떤 효과를
불러오는지 간단한 실험을 해 보아요.
먼저 평소에 즐겨 찾지 않는 어떤 상품의
웹페이지를 15분 동안 살펴봅니다. 예컨대 김치
담그는 방법을 정리한 사이트 같은 거 말이에요.
그러면 다음번 인터넷에 접속했을 때 김치와
관련한 상품 광고가 엄청나게 뜰 거예요.

좋아하는 회사 상표에서
새로 나오는 제품을 써 보는
것은 자유입니다. 하지만 행사를
진행한다는 이유로 휴대 전화 번호
등의 개인 정보를 회사에 알려 주는 것은
금물이지요. 그 회사가 소비자들의
개인 정보를 어디에 쓸지, 다른 곳에
넘기지 않고 비밀로 지킬지는
결코 알 수 없는 일이거든요.

6장

먹는 것이
남는 것!

1900년대 초반, 미국 작가 업튼 싱클레어는 시카고의 식육 가공 공장에 몰래 들어가 취재를 했습니다. 그리고 이렇게 모은 정보를 바탕으로 1906년에 소설 《정글》을 출간했지요. 싱클레어는 이 책을 통해 공장 노동자들을 착취하는 문제를 폭로하고자 했는데, 정작 미국 독자들이 이 소설을 읽고 분노한 것은 고기를 포장하는 과정에서 일어나는 오염 문제였습니다. 공장은 더러웠고, 노동자들은 손을 씻지 않았으며, 고기는 곰팡이가 피거나 썩었고, 쥐 배설물과 독성물질이 여기저기 흩어져 있었지요. 심지어는 쥐 한 마리가 통째로 소시지에 들어가기도 했습니다. 싱클레어의 책은 사람들로 하여금 식품을 가공해 공급하는 과정의 환경에 대한 중요성을 일깨웠습니다.

사람들은 강렬하게 항의했고, 마침내 미국에서 식품의약국이 탄생했지요.

식육 가공 공장은 미국의 여러 공장 가운데서도 가장 위험한 환경으로 손꼽힙니다. 이곳에서 일하는 노동자들은 몸 이곳저곳을 베일 때가 많으며 가끔은 지나치게 빨리 지나가는 기계에 속도를 맞추지 못해 그만 손발을 잃기도 해요. 싱클레어가 《정글》을 썼을 무렵에는 주로 가난한 유럽 이민자들이 식육 가공 공장에서 일했습니다. 오늘날에는 라틴 아메리카나 아프리카에서 온 노동자들이 그 자리를 채우고 있지요.

이 기관은 식품이 안전하게 생산되는지 감독하고 식품에 대한 규정과 성분 표기를 실시하는 전체 시스템을 담당하고 있습니다.

오늘날 우리가 먹는 음식을 안전하게 지키기 위해서는 정부의 힘에 의존해야 합니다. 하지만 정부가 맡아야 하는 역할이 어디까지인지는 여전히 논란거리예요. 식품 생산 공장과 회사, 음식점에서는 정부의 식품 규제가 지나치게 강제적이며, 결국 그에 따른 고통은 소비자가 겪게 된다고 주장하지요. 반면에 어떤 사람들은 정부의 규제가 충분하지 않다고 말합니다. 정부가 소비자들을 지키기 위해 더 많은 일을 해야 한다는 것입니다.

오염되지 않은 깨끗한 식품

그 동안 식품 제조 및 유통 과정의 환경은 많은 발전을 이루었습니다. 더 이상 쥐가 들어간 소시지를 제조하거나 곰팡이가 핀 고기를 유통하도록 내버려 두지는 않습니다. 오늘날에는 법과 여러 규정 덕분에 더 좋은 식품 가공 기술로 음식을 안전하게 만들고 있지요. 식품을 안전하게 저장하고 가공하는 데 필요한 새로운 지식을 알아내고, 공장 일꾼들에게 장갑이나 머리망을 쓰도록 합니다. 공장과 농장, 작업장에서 매일 식품이 안전한지 살피는 검사관도 상당수에 이르며, 식품 공급 체계에 해를 끼칠 수 있는 상황을 막으려고 실시간으로 감시 체계를 가동합니다. 또 전자레인지 가공 기술부터 슈퍼마켓 선반에서 더 오래 보관하는 기술, 미생물이 어떻게 자라는지 컴퓨터로 모니터링하는 기술 등 식품 안전 기술도 끊임없이 발전 중입니다. 이 모든 발전 덕분에 시간이 지날수록 식품 오염으로 병들거나 사망하는 사람의 수가 크게 줄었지요. 하지만 여전히 경계를 늦추면 안 됩니다.

우리를 병들게 하는 식품

식품 분야는 지금까지 많은 발전을 이뤄 왔지만, 여전히 식품이 농장에서 우리 식탁에 오르기까지 모든 단계에서 오염이 되지 않도록 조심해야 합니다. 실제로 부적절한 처리나 보관, 잘못된 조리 방법 때문에 세균이나 바이러스, 기생충, 곰팡이, 독성 물질 등으로 식품이 오염되기도 하지요. 미국 질병관리본부에 따르면 미국에서만 매년 식품으로 인해 4천8백만 명의 환자가 발생하고 있으며, 이 중에서 12만 8천 명은 입원이 필요하고, 그중 3천 명이 사망에 이릅니다. 대부분의 환자들은 며칠 만에 회복되지만, 상대적으로 면역력이 약한 어린이나 노인의 경우 병이 아주 심각해질 수도 있지요.

식품의 치명적인 영향

식품으로 인한 질병은 규제가 강하지 않은 개발도상국에서 특히 더 심각하게 발생할 수 있습니다. 1970년대에 있었던 한 사례를 살펴볼까요? 씨앗으로 활용하려고 남긴 곡물을 실은 배가 이라크의 시장으로 향하고 있었습니다. 그런데 이 씨앗은 곰팡이도 죽이는 화학 물질로 오염되어 있었고, 그 안에는 수은도 포함되어 있었지요. 결국 이 씨앗으로 키운 농작물을 먹은 사람들 중 650명 이상이 사망했습니다. 이 일은 전 세계적으로 식품 규제를 강화시키는 결과를 낳았지요. 또, 2008년에는 중국에서 생산한 우유와 분유가 멜라민이라는 화학 물질로 오염되어 6명의 어린이가 사망하고 수만 명의 어린이가 병에 걸린 사건도 있었습니다. 그리고 2013년에는 인도의 한 학교에서 살충제를 담아 두었던 용기에 식용유를 저장하는 바람에 오염된 학교 급식을 먹고 학생 23명이 사망하기도 했습니다.

1984년, 미국 오리건 주의 작은 도시에서는 한 종교 교주를 따르는 사람들이 지역 선거 결과를 조작하려 했던 사건이 있었습니다. 사람들이 투표하러 오지 못하도록 식품 공급망을 오염시켜 도시 시민들 다수를 위험에 빠뜨리려 했지요. 이들은 살모넬라균을 슈퍼마켓의 상품이나 식당의 샐러드바에 뿌렸고, 이 사건으로 751명이 설사와 구토, 복통으로 고생했습니다. 그래도 다행히 사망한 사람은 없었고, 무모한 선거 음모는 실패로 돌아갔지요. 하지만 이 사건은 아직도 미국 역사상 가장 큰 규모의 생물학 테러로 기록되고 있습니다.

꼭 지켜야 할 안전 수칙들

식품과 관련해 발생하는 여러 질병들 가운데는 각 가정의 부엌에서 식품을 부적절하게 취급해 발생하는 사례들도 많습니다. 안전을 위한 몇 가지 수칙을 꼭 지키도록 하세요.

❋ 식품을 만지기 전이나 만진 뒤에는 따뜻한 물과 비누로 손을 깨끗이 씻어요. 또한 싱크대와 도마, 조리 도구도 잘 씻고, 주기적으로 소독해 주세요.

❋ 날고기는 채소나 조리된 음식과 분리시켜 보관하고, 날고기와 조금이라도 닿았던 도마나 조리 도구, 접시는 잘 씻어요. 고기는 꼭 제대로 된 조리법으로 익혀서 먹어야 해요.

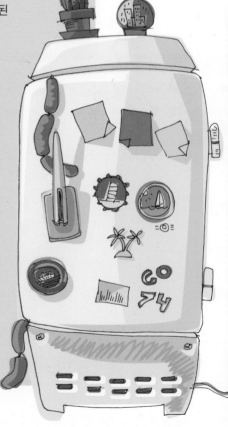

❋ 과일과 채소를 물로 잘 씻어요. 깎아서 버리는 멜론과 아보카도의 껍질도 잘 씻어야 해요. 과일을 자르는 동안에 껍질에 있던 박테리아가 과육에 묻을 수 있기 때문이지요. 전문가들에 따르면 바나나도 먹기 전에 씻는 게 좋아요. 우리 입에 들어가기 전에 많은 사람의 손을 거쳤기 때문이에요.

❋ 뜨거운 음식은 뜨겁게, 찬 음식은 차게 보관하세요. 뜨겁지도, 차갑지도 않은 중간 온도에서는 박테리아가 잘 자라기 때문입니다. 그리고 '2시간 법칙'을 지켜야 해요. 잘 상하는 음식을 2시간 이상 실내 온도에 내버려 두면 안 돼요. 기온이 32도 이상으로 올라갈 경우에는 1시간을 넘기면 안 돼요.

식품 용기

가끔은 식품 자체가 아니라 포장 때문에 병에 걸리기도 합니다. 최근 크게 주목을 끈 유해 화학 물질은 비스페놀 A(BPA)입니다. 비스페놀 A는 플라스틱에 주로 사용되는데, 물병이나 식품 용기, 물병 안쪽의 표면, 금속 캔, 심지어는 커피 가게에서 쓰는 종이컵에도 쓰이고 있지요.

몇 해 전부터 소비자들은 비스페놀 A가 여러 질병을 일으킨다는 연구 결과에 걱정하기 시작했어요. 연구에 따르면 아이들에게서 주의력결핍과잉행동장애(ADHD)를 일으키거나 태아에게 발달 문제를 일으키고 특정 종류의 암을 유발하기도 합니다. 이에 따라 환경 단체에서는 식품 포장 속의 비스페놀 A가 식품이나 음료 안으로 녹아 들어가기 때문에 비스페놀 A는 사용하지 못하도록 완전히 금지해야 한다고 주장했어요. 실제로 캐나다에서 실시한 한 연구에서는 캐나다 인구 95%의 혈액이나 소변에서 비스페놀 A가 검출되었으며 아이들은 그 수치가 더 높았지요. 이를 근거로 캐나다에서는 비스페놀 A를 아기 젖병에 사용할 수 없으며, 상당수의 플라스틱병이나 캔에는 비스페놀 A가 들어 있지 않다고 광고합니다.

반면 사람이 식품을 통해 받아들이는 비스페놀 A의 양은 아주 적다고 주장하는 사람들도 있어요. 그럼에도 여전히 걱정스럽기 때문에 많은 사람들이 화학 물질에 대해 직접 공부하고 있습니다. 다음 수칙을 기억하면 비스페놀 A를 비롯한 플라스틱 속의 화학 물질에 노출되는 양을 줄일 수 있습니다.

❇ **유리, 스테인리스 스틸, 도자기 제품 사용하기**

식품을 담는 접시나 용기로 플라스틱보다는 이런 재질을 사용해요.

❇ **플라스틱 용기의 밑바닥 살펴보기**

재활용 분류 번호를 살펴보세요. 3번과 7번에는 비스페놀 A가 들어 있을 확률이 높지만 2, 4, 5번은 안전해요.

❇ **양피지 종이나 알루미늄 포일 사용하기**

비닐 랩 대신 이런 제품으로 식품을 보관하세요. 만약 비닐 랩을 사용한다면 식품에 직접 닿지 않도록 해요.

❇ **플라스틱 그릇에 식품을 넣고 얼리거나 전자레인지에 돌리지 않기**

플라스틱 용기를 냉장고나 전자레인지에 넣는 것도 좋지 않아요. 플라스틱은 뜨거워지거나 차가워지면 화학 물질이 더 많이 빠져나오기 때문이에요. 그리고 플라스틱 용기에 금이 가거나 용기가 뿌옇게 보인다면 버리는 게 좋아요.

국가의 책임은 어디까지일까?

가끔은 비스페놀 A 같은 화학 물질이 아니라 식품 그 자체가 질병을 일으키기도 합니다. 몇 년 동안 좋지 않은 식품을 선택해 먹으면 독성 물질이 쌓여 건강에 이상이 올 수 있지요. 그런데 정부가 장기간에 걸쳐 건강에 문제를 일으키는 식품을 규제해야 하는지에 대해서는 사람들마다 의견이 다릅니다. 법을 제정하는 사람들이 몸에 나쁜 음식을 골라 먹는 것까지 금지해 가며 개개인을 보호해야 할 책임이 있을까요? '그렇다'라고 말하는 사람들은 나쁜 식생활과 나쁜 보건 관리 체계 때문에 사람들이 병에 걸리면 사회적으로 손해라고 주장합니다. 이런 주장을 펼치는 사람들은 불량 식품은 중독성이 있기 때문에 규제하거나 제한해야 하고, 담배나 술처럼 세금을 부과해야 한다고 말하고 있지요. 또한 식품 회사들이 엄청난 광고 비용을 들이면서 우리가 무엇을 먹을지에 이미 큰 영향을 주고 있기 때문에 자신이 먹을 음식을 완전히 알고 선택한다는 생각은 환상에 불과하다고 주장합니다.

반면 이렇게 광고하는 회사에 책임이 없다고 생각하는 사람들은 아무리 몸에 나쁜 음식이라고 해도 무엇을 먹을지는 스스로 자유롭게 결정할 수 있어야 한다고 말합니다. 무엇을 먹을지 선택하는 것은 명백히 개인의 자유라고 말하며 정부가 우리가 먹는 것에 영향을 미치거나 그것을 제한해야 한다는 생각에 찬성하지 않지요.

다음은 이런 논란의 중심에 있는 몇몇 식품들이에요.

✳ **트랜스 지방:** 대부분의 영양학 전문가들은 트랜스 지방을 조금이라도 섭취해서는 안 되며, 정부에서 완전히 금지해야 한다고 생각합니다. 미국과 캐나다를 포함한 여러 나라에서는 트랜스 지방의 양을 식품 성분표에 표시해야 하며 식품에 넣는 양에도 제한을 두고 있어요. 유럽의 여러 국가들은 아예 트랜스 지방을 완전히 금지하고 있어요.

✳ **설탕이 든 음료들:** 한국에서는 2014년부터 모든 초중고등학교 내 탄산음료 판매를 법으로 금지했습니다. 또한 서울시는 2015년부터 서울 시내 모든 공공시설에 설치된 자판기에서 탄산음료의 판매를 금지하기로 결정했지요. 미국 뉴욕 주에서도 금지법이 생겼는데, 많은 사람들의 반발로 주 최고 법원이 뉴욕 시가 도가 지나친 규정을 시행하려 했다며 이 규제법을 무효로 만든 일이 있었어요.

✳ **에너지 음료:** 에너지 음료는 약초 추출물과 향미료가 더해진 달콤한 음료로, 카페인 같은 각성제가 들어 있어요. 그래서 원래는 밤새 놀거나, 일하거나, 공부해야 할 일이 있을 때 마시던 음료였지만, 오늘날에는 젊은이들 사이에 일상 음료로 인기를 끌고 있지요. 피곤할 때 활력을 얻고자 하는 사람들도 마시고, 커피의 대용품으로도 광고하고 있어요.

에너지 음료는 카페인 함량이 지나치게 많은 데다 청소년들까지 광고의 대상으로 삼아 논란거리가 되었습니다. 실제로 이 음료를 가장 많이 소비하는 연령대는 13세에서 35세 사이입니다. 물론 카페인은 커피나 차, 몇몇 탄산음료, 초콜릿에 들어가는 등 널리 소비되는 성분이지만, 각성 효과가 강하며 심각한 부작용을 일으킬 수도 있습니다. 게다가 어린이와 청소년의 몸은 어른들만큼 카페인을 소화할 수 없기 때문에 미국 소아과 협회에서는 어린이와 청소년은 카페인이 과도하게 들어간 에너지 음료의 섭취를 자제해야 한다고 말하고 있어요.

에너지 음료와 에너지 샷을 건강 제품이나 식품, 약물 가운데 어디로 분류해야 할지도 논란의 대상입니다. 분류별로 규제 방식이 다르기 때문이지요. 현재 에너지 음료는 탄산음료와 같이 판매되는 경우가 많아서 사람들은 콜라와 비슷하다고 여깁니다. 하지만 몇몇 보건 분야 관계자들은 에너지 음료를 약처럼 약국에서 팔고 18세 미만에게는 구입을 제한시켜야 한다고 주장합니다. 또 청소년을 대상으로 이 음료를 광고하거나 무료 시음을 하지 못하도록 정부에서 규제해야 한다고도 말하지요.

하지만 음료 산업 관계자들은 청소년을 포함한 모든 사람들이 원한다면 자유롭게 에너지 음료와 에너지 샷을 살 수 있어야 한다고 주장합니다.

에너지 음료보다도 더 농축된 음료인 '에너지 샷'은 아주 작은 포장 안에 카페인을 다량으로 넣은 거예요. 이 제품은 커피보다 훨씬 적은 양으로 빠르게 카페인을 섭취할 수 있기 때문에 몇몇 의사들은 이 제품이 몸속 카페인 농도를 위험할 정도로 높일 수 있다고 경고합니다. 하나 이상을 마시면 하루 카페인 권장 섭취량을 넘길 수 있는 양이지요.

재미있는 통계

식품으로 인한 질병들

매년 식품과 관련된 질병에 걸린 사람 수

선진국 평균 7명 중 1명　👤👤👤👤👤👤👤

개발도상국 평균 3명 중 1명　👤👤👤

에너지 음료

세계 에너지 음료 시장 규모

2000년
$ **73.7** $
억 달러

현재
364.4
억 달러

미국에서 용량이 가장 큰
에너지 음료

'몬스터 에너지'
946ml

최대의 에너지 음료 시장인 미국에서
에너지 음료 때문에 사람들이 응급실을 방문하는 횟수

2005년　1,128건
2009년　13,114건

우리가 밖에서 먹는 음식들

오늘날 사람들은 그 어느 때보다도 외식을 많이 합니다. 너무 바쁘거나 매일 요리하는 게 번거로워서일 수도 있지요. 하지만 건강한 음식을 먹고자 한다면 잦은 외식은 문제가 될 수 있습니다. 집에서 직접 요리해 먹는다면 신선한 재료만 사용할 수 있지만, 음식점에서 쓰는 재료는 종종 그 정체를 알 수 없는 경우가 있기 때문이에요. 또 음식점에서 파는 음식은 열량이 높고 포화 지방이나 소금, 설탕의 양도 많은 편입니다.

보건 전문가들이 음식점 메뉴에 성분표를 함께 표시해야 한다고 주장하는 이유가 바로 이것입니다. 어린이와 청소년, 그리고 그들의 부모가 몸에 더 좋은 선택을 하려면 필요한 조치이지요. 실제로 현재 미국에서는 음식 체인점이 판매하는 음식의 열량과 영양 성분을 메뉴판에 함께 표시하도록 법적으로 규정합니다. 그런데 이렇게 음식의 열량과 영양 성분을 알게 되면 사람들이 실제로 닭튀김보다 채소 볶음을 더 많이 선택할까요? 아직 그 효과는 확실하지 않습니다. 하지만 몇몇 음식점에서는 음식에 들어간 재료와 성분표를 손님들에게 공개하면 장사에도 긍정적인 영향을 준다는 사실을 인식했어요. 그 덕분에 샌드위치 회사인 서브웨이(Subway)는 사람들에게 몸에 좋은 식습관을 제공하는 회사로 성공적인 자리매김을 했습니다. 이곳은 매장과 회사 웹사이트에 자신들이 파는 샌드위치와 샐러드의 영양 정보를 기재하고 있어요.

식품 회사를 고소한 남자

사람들은 자신의 건강이 나빠졌을 때 이에 대한 책임을 식품 회사에 물을 수 있을까요? 몇몇 재판에서 그 해답을 얻을 수 있을지도 모릅니다. 2013년, 미국 뉴욕 주에 사는 한 남성이 기름진 음식 때문에 몸무게가 늘어나고 당뇨병이 생겼으며, 심장마비가 두 번 왔다고 패스트푸드 회사 네 곳을 상대로 소송을 제기했습니다. 이 남성은 패스트푸드 회사들이 파는 음식에 무엇이 들어 있는지 제대로 밝히지 않았으며, 자신들의 음식을 지나치게 많이 먹으면 건강에 좋지 않다는 것을 경고하지도 않았다고 주장했습니다.

사람들이 자신이 무엇을 먹을지 스스로 선택해야 한다고 믿는다면 이 사례는 해결하기가 어렵지요. 하지만 몇몇 영양학자들의 주장대로 설탕과 지방이 많이 포함된 음식은 중독성이 있다는 점이 밝혀진다면 패스트푸드 회사는 더 많은 소송에 휘말릴 것입니다. 실제로 담배가 중독성이 있다는 사실이 증명되자 담배 회사들은 흡연으로 인한 사망과 질병, 의료비를 보상하라는 소송으로 수천억 달러를 물어야 했습니다. 만약 미국 보건복지국이 자국에서 매년 50만 명 이상이 몸에 나쁜 음식을 섭취해 사망한다고 확실히 증명하면, 패스트푸드 회사에 소송하려는 사람들이 무척 많아지지 않을까요?

음식을 대하는 우리의 자세

식품에 대한 규제는 많은 사람들이 관심을 갖는 뜨거운 주제예요.
그래서 정부는 식품의 생산과 유통, 공급을 안전하게 하고자
많은 노력을 기울입니다. 그 덕분에 우리는 슈퍼마켓에서 구입하는 식품에
쥐약이나 치명적인 박테리아가 들어 있지 않다고 확신할 수 있지요.
하지만 건강에 문제를 일으킬 수 있는 요소들이 생긴다면
어떻게 처리해야 하는지는 어려운 문제입니다.
정부가 알아서 처리해야 할까요, 아니면 개인이 조심해야 할까요?
법을 만드는 사람들과 공중 보건 전문가들, 식품 산업 관련자들은
여기에 대해 논쟁을 벌이고 있습니다.
다음은 우리가 스스로를 안전하게 지키는 몇 가지 수칙이에요.

식품 성분표에서 트랜스 지방의
함량을 확인하고, 식당에
갔을 때는 트랜스 지방으로
조리하는지 살펴보세요.

음식점 메뉴에
영양 정보가 표기되어
있지 않다면 알려 달라고
요구하세요.

에너지 음료를 마실 때는 조심하세요.
탄산음료 캔과 똑같이 생겼지만
우리 몸에 미치는 영향은 훨씬 큽니다.
만약 마시기로 결정했다면
용량이 적은 것을 고르고,
하루에 한 캔만 마시도록 해요.
그리고 절대 다른 것과
섞어 마시지 말아요.

음식점이 깨끗해 보이지 않거나
슈퍼마켓 선반에 유통기한이 지난
식품이 있다면 그곳에서 음식을
먹거나 물건을 사지 마세요. 손님의
눈에 띄는 곳이 더럽다면, 눈에 보이지
않는 주방이나 창고는 얼마나 더
더러울까요?

7장

무엇을
먹어야만 할까?

앞으로 10년 뒤, 50년 뒤, 100년 뒤에 우리는 또 무엇을 먹고 살까요? 지난 10년 동안만 해도 우리가 먹는 음식의 종류가 무척 많이 바뀌었습니다. 그렇다면 앞으로는 어떻게 변할까요?

2008년에 나온 애니메이션 〈월-E〉는 지금으로부터 몇 세기 미래의 모습을 담고 있습니다. 미래에 지구는 자원이 고갈되어 쓰레기로 덮인 황폐한 땅이 되지요. 그래서 사람들은 지구를 떠나 커다란 호화 우주선에서 생활합니다. 그 안에서 날 수 있는 의자에 앉아 온종일 여기저기 휙휙 날아다니며, 가공식품인 컵케이크와 스무디만 먹어서 몸이 뚱뚱해지고 점점 약해집니다. 이것은 음식과 인간 생활이 완전히 단절된 가상의 미래 모습이에요.

하지만 실제로 우리의 미래는 이렇게 삭막하지 않을지도 모릅니다. 오늘날 사

람들은 먹거리에 더욱 신경을 쓰고 있기 때문입니다. 뒤뜰에 닭을 기르기도 하고 지역 농산물 직판장에 가거나 전 세계 식량 안보를 지키고자 노력하는 사람들도 늘어나고 있지요. 만약 공동 텃밭에서 채소를 재배하는 일 또는 몸에 좋은 식재료에 관심이 있거나, 학교 급식을 개선하고 싶다면 지금처럼 좋은 시기는 없습니다. 도처에 많은 자료가 있고, 도와줄 사람도 많지요.

1994년에는 미국 전체를 통틀어 농산물 직판장이 1천7백 곳밖에 없었습니다.
하지만 20년이 지난 오늘날에는 8천 곳이 넘습니다.
또 미국과 캐나다에는 공동 텃밭도 1만 8천여 곳이나 있지요.

처음으로 돌아가자!

지난 70년간 인류와 음식의 관계는 역사상 그 어느 때보다도 극적으로 바뀌었습니다. 가축에게 인공 수정을 시키거나 농작물에 유전자 재조합 기술을 적용하기도 하고, 훨씬 효과적인 비료와 살충제도 만들었지요. 또 온갖 종류의 화학 보존제와 향신료, 첨가제를 개발했습니다. 이런 혁신 덕분에 오늘날 많은 사람들은 안전하고 충분한 식량을 얻을 수 있습니다. 식품의 다양성과 선택지가 늘어난 것은 말할 필요도 없지요.

또한 오늘날에는 도시에 사는 사람이 많지만 여전히 우리는 식량을 재배하고 기르는 것을 자연 세계에 의존합니다. 인류의 조상이 그랬던 것처럼 말이에요.

173

식품 세계의 사막과 늪

신선하고 몸에 좋은 지역 음식이라고 하면 무척 좋아 보입니다. 하지만 사는 곳 가까이에 식료품점이 없거나 농부들이 직접 파는 가게의 가격이 비싸다면 그림의 떡일 뿐이지요. 그런데 불행히도 오늘날 많은 사람들이 이런 현실에 놓여 있습니다. 심지어 음식이 풍족한 국가에서도 말이에요.

북아메리카에 사는 사람 가운데 상당수가 '식품 사막'에 살고 있어요. 미국에서는 230만 명의 사람들이 슈퍼마켓에 가려면 최소한 20분 넘게 걸어야 하는 환경에서 살고 있습니다. 이런 지역에는 근처에 편의점밖에 없는 경우가 많습니다. 그런데 편의점은 슈퍼마켓에 비해 식품의 판매 가격이 다소 높으며, 신선한 음식

먹을 것을 쉽게 구할 수 없는 사람들

전 세계 인구 중 7억 9천5백만 명이 먹을 것을 안정적으로 구할 수 없는 가정에 산다.

전 세계 인구 중 1억 6천5백만 명의 만 5세 이하 유아동이 만성 영양결핍에 시달린다.

전 세계 인구 중 310만 명의 유아동이 매년 영양실조로 사망한다.

굶주리고 있는 사람들

전 세계 인구 9명 중 1명

유기농 식품

한국의 유기농 식품 시장 규모

2003년	2005년	2009년	2020년
3천억 원	7천6백억 원	3조 7천억 원	7조 1천억 원 예상

*한국농촌경제연구원 연구 조사(2011)

같은 나라에서 지역별로 식품 가격이 다르기도 해요. 한국에서는 같은 품목의 가격 차이가 지역별로 크게는 73%까지 나기도 합니다. 이를 '장바구니 물가'라고 하는데, 한국에서 '장바구니 물가'가 가장 비싼 곳은 제주와 강원 지역이에요. 제주도는 육지에서 떨어져 있고, 강원도는 산간 지역이 많아서 운송이 쉽지 않기 때문입니다. 반면 경남과 경기 지역은 다른 지역에 비해 '장바구니 물가'가 싸지요. 경기 지역은 전국에서 대형 마트가 가장 많은 곳으로, 업체 간 경쟁이 일어나면서 식품 가격이 다른 지역에 비해 낮아졌어요.

이라고는 오래 묵은 사과나 멍든 바나나가 전부이지요. 특히 유색 인종이나 한부모 가정, 노인, 장애인들은 신선한 과일과 채소, 몸에 좋은 식품을 쉽게 구할 수 없는 '식품의 사막' 속에 살 가능성이 높습니다.

그뿐만 아니라 '식품의 늪'이라는 것도 존재합니다. 이는 패스트푸드 점과 편의점만 즐비한 저소득 지역을 뜻하는 말이에요. 이러한 지역은 몸에 나쁜 음식을 쉽게 접할 수 있는 환경이기 때문에 이 근방에 사는 사람들의 식생활에 큰 영향을 줍니다.

심지어 대부분의 저소득 가정은 먹을 것을 쉽게 구할 수도 없지요. 몸에 좋든, 그렇지 않든 먹을 것 자체를 충분히 구하기가 힘듭니다.

추운 지역에서 먹고 사는 법

　캐나다 북부나 미국의 알래스카 주에서는 날씨가 추워 식량을 쉽게 구할 수 없지만, 이 지역에는 자연 식재료가 무척 많아요. 예컨대 알래스카 주는 해산물 산업이 수십억 달러 규모고 농장도 꽤 많습니다. 그럼에도 필요한 식량의 95%가량을 외부에서 사 옵니다.

　2012년부터는 알래스카 주 정부가 지역에서 나는 식재료를 활용해 학교 점심 급식을 만드는 프로그램을 시행했습니다. 근처 농장에서 난 홍당무와 완두콩 등이 들어간 훈제 연어나 들소 스튜, 보리 시리얼 등의 음식을 만들었지요. 학생들에게 옛날 조상들이 먹었던 전통적인 천연 식재료를 맛보게 하기도 했어요. 이 식품들은 당뇨병이나 심장병 발병 위험을 낮추는 효과도 있었습니다.

알래스카 주 수어드에서 그날 잡힌 생선을 손질하고 있는 모습

가장 새로운 것은 가장 오래된 것

몇 세대 전에 먹었던 주식과 오늘날의 주식은 무척 다릅니다. 하지만 아직도 세계 곳곳에는 전통적인 방식으로 식량을 구하거나 사냥 혹은 덫 놓기, 낚시, 채취 등의 활동을 통해 식량을 구하는 사람들이 존재해요.

식량 채집은 인류가 아주 먼 옛날부터 해왔던 활동입니다. 오늘날 식량을 채집하는 사람들은 버섯, 야생 고사리뿐만 아니라 전복 같은 해산물을 자연에서 직접 얻기도 합니다. 이는 지역 고유의 음식과 야외 활동을 선호하는 사람들이 일으킨 흐름이지요. 하지만 이런 간단하고 전통적인 방식은 자연 환경을 훼손하지 않는 범위에서 이뤄져야 해요. 책임감 있는 사냥꾼, 낚시꾼, 채집꾼들은 자연에서 지속 가능한 방식으로 식재료를 가져올 것이고, 결코 야생동물이 먹어야 할 식량까지 싹쓸이하지는 않습니다.

곤충도 식량이 된다

고기를 생산하기 위해서는 넓은 땅이 필요하며 그만큼 에너지도 많이 듭니다. 그렇기 때문에 전 세계 70억 인구가 모두 스테이크를 먹을 수는 없지요. 그럼에도 먹을 고기가 부족할 경우 제안할 수 있는 대안은 바로 곤충입니다. 곤충은 농장에서 기르는 가축에 비해 환경을 해치는 일도 없고 값이 싸며 단백질도 풍부합니다. 하지만 곤충을 먹고 싶어 하는 사람은 많지 않을 거예요. 그렇다고 전 세계 모든 문화권에서 곤충 섭취를 꺼리는 것은 아닙니다. 귀뚜라미나 메뚜기, 개미, 애벌레를 즐겨 먹는 나라도 있어요. 오스트레일리아의 원주민들은 나방 애벌레를 먹습니다. 또 콜롬비아와 브라질에서는 가위개미를 먹지요. 아프리카 남부에서는 모파인이라는 애벌레를 즐겨 먹으며, 캄보디아에서는 구운 타란툴라 거미를 간식으로 먹습니다. 몇몇 사람들은 곤충을 서구인 입맛에 맞게 요리하려고 해요. 미국의 한 회사는 귀뚜라미로 만든 단백질바를 생산하려고 투자금을 모집했습니다. 또 캐나다 밴쿠버의 한 인도 음식점에서는 귀뚜라미를 섞은 밀가루로 납작한 빵을 만들어 제공했으며, '탐험가 클럽'이라는 이름의 모험가 집단에서는 연간 모임의 저녁 식사 메뉴로 창의적인 곤충 요리를 선보였습니다.

튀긴 타란툴라 거미는 캄보디아에서 인기 있는 간식이다.

그런데 사실 우리는 자신도 모르는 사이에 곤충을 먹고 있어요. 실제로 초콜릿바에는 아주 작은 바퀴벌레 조각이 8개 정도 들어갑니다. 이런 말을 들으면 역겨울 수도 있지만, 이는 피할 수 없는 현실입니다. 코코아 열매의 수확 시기가 되면 잘 익은 코코아 열매를 먹기 위해 바퀴벌레가 그 안으로 들어가는데, 이 벌레를 죽이기 위해 살충제를 썼다가는 벌레 조각이 조금 섞이는 것보다 사람들 몸에 더 해로울 수 있지요. 그리고 요구르트나 음료수, 사탕에 흔히 들어가는 빨간색 식용 색소인 코치닐은 연지벌레에서 추출합니다.

직접 키우는 식재료

음식의 기본으로 돌아가는 가장 확실한 방법은 직접 식재료를 키우는 거예요. 힘들고 번거로울 것 같지만 그렇지 않아요. 넓은 뒷마당이 필요하지도 않습니다. 단지 흙과 물, 한 움큼의 씨앗만 있으면 충분해요. 환경에 따라 일 년 내내 채소를 키울 수도 있어요. 그래서 먼저 자신이 사는 지역의 기후 환경 등을 알아보고 어떤 작물이 잘 자라는지 조사해야 해요. 약초나 초록색 잎채소를 기를 수도 있고, 발코니나 볕이 잘 드는 창턱에서 방울양배추를 키울 수도 있지요. 또 집 뒷마당이나 아파트의 공동 마당에서 당근이나 토마토 같은 다양한 채소를 기를 수도 있어요

식재료를 직접 기를 때의 장점은 어떤 환경에서 자라는지 직접 확인하고 통제할 수 있다는 것입니다. 살충제나 화학 비료를 넣지 않고 텃밭에서 채소를 기르는 것은 놀랄 만큼 간단해요. 비누, 마늘, 고추만 있으면 곤충을 쫓아내는 수제 살충제도 만들 수 있습니다. 그러면 돈을 많이 들이지 않고도 유기농 식재료를 먹을 수 있지요.

북아메리카에서는 텃밭을 만드는 학교가 점점 많아지고 있고, 네트워크를 통해 학생과 교사들을 지원하고 있습니다. 또 공동 텃밭은 이웃에 사는 사람들이 좁은 땅에 함께 채소를 기르는 밭으로, 점점 인기를 끌고 있어요. 요즘 한국에도 공동 텃밭이 많이 생기고 있는 추세랍니다. 인터넷에서 찾아보면 우리 주변 어디

뉴욕 브루클린의 공동 텃밭에서 키운 방울양배추를 들고 있는 학생

에 공동 텃밭이 있는지 알 수 있습니다. 혹시 텃밭이 없다면 자신이 사는 도시나 마을에 새롭게 만들 수도 있어요.

직접 기르면 씨앗을 뿌리고 며칠 지나지 않아 초록색 새싹이 올라오는 작은 기적을 지켜볼 수 있습니다.

나만의 텃밭 가꾸기

론 핀리라는 한 남성은 미국 캘리포니아 주 로스앤젤레스의 사우스센트럴에서 자랐어요. 그런데 이곳은 '식품 사막'이라고 불리는 곳이었습니다. 신선한 유기농 채소를 사 먹으려면 자동차로 45분을 타고 나가야 했지요. 몸에 좋은 식품을 구할 길이 없어 지역 주민들의 건강은 악화되었습니다. 그래서 핀리는 자신의 집 앞 길가의 공간에 텃밭을 만들었어요. 그리고 이곳에 토마토, 고추, 가지, 호박, 라벤더, 재스민, 해바라기 같은 색깔이 화려하고 향기로운 작물을 키우기 시작했지요. 핀리의 텃밭은 이웃 어른과 아이들의 관심을 끌었고, 사람들은 핀리의 텃밭 일을 거들어 수확물을 나누기 시작했습니다. 하지만 시청에서는 핀리에게 텃밭 허가비로 4백 달러를 요구했어요. 그러자 핀리는 인터넷에서 사람들의 서명을 모아 마침내 허가비를 내지 않고 텃밭을 유지해도 된다는 허락을 받아 냈지요. 이때부터 핀리는 사람들이 다른 곳에 공동 텃밭을 만들도록 도와주었고, 그 결과 텃밭이 수십 개나 늘었습니다. 핀리 덕분에 사우스센트럴에 사는 많은 저소득 계층 주민들은 좋은 식재료를 쉽게 얻을 수 있게 되었어요.

길가 텃밭에 서 있는 론 핀리

182

외식을 줄이자!

어렸을 때부터 부엌이나 밭에서 일을 돕는 경험은 무척 중요합니다. 이런 과정에서 많은 청소년들이 요리에 관심을 가지고 음식에 대해 창의적인 방식으로 배워 나가며, 새롭고 흥미로운 요리를 먹는 경험을 얻기 때문입니다. 그러면서 앞으로 인생을 살면서 도움이 될 기술을 배우기도 하고요.

그렇다면 어떻게 시작하는 게 좋을까요? 우선 부엌에서 부모님이나 형, 언니가 어떻게 음식 준비를 하는지 지켜보았다가 채소를 다듬거나 써는 일부터 돕습니다. 또 텔레비전의 요리 방송이나 유튜브의 동영상을 보거나 초보자용 요리책을 읽으면 도움이 돼요. 인터넷에서 사진을 덧붙인 요리법 설명을 참고해도 좋습니다. 처음에는 마늘을 태우거나 국에 소금을 너무 많이 넣기도 하겠지만, 누구나 처음에는 실수를 하기 마련이에요. 다른 활동과 마찬가지로 요리 역시 연습할수록 나아집니다. 조금만 연습하다 보면 생각보다 쉽게 맛 좋은 저녁을 차릴 수 있지요.

하지만 이렇게 요리를 할 줄 알아도 정작 해 먹을 기회가 많지 않을 수도 있습니다. 오늘날에는 절반 정도의 끼니를 외식으로 채우기 때

오늘날
미국

1900년대
미국

50% | **2%**

183

문이에요. 평균적으로 가족이 모두 모여 식사하는 횟수는 일주일에 세 번 정도에 불과합니다. 그보다 더 적을 수도 있고요. 식탁에서 보내는 시간도 20분밖에 안 됩니다. 이처럼 오늘날 많은 사람들이 집 식탁에 둘러앉아 식사를 하기보다는 외부에서 끼니를 때웁니다. 이동 중에 음식을 먹는 사람들도 많아요. 그리고 이런 습관은 사람들로 하여금 더욱 패스트푸드와 설탕이 많이 든 탄산음료를 찾게 만들지요.

　오늘날의 가족 구성원들은 눈코 뜰 새 없이 바쁘지만 그래도 이런 식습관은 좋지 않습니다. 반대로 가족이 주기적으로 저녁에 모여 식사하는 습관은 장점이 많아요. 어린이와 청소년들은 학교 성적과 대인 관계 기술이 좋아지고, 더 건강해집니다. 시간을 내 맛있는 식사를 나누며 가족들과 대화를 나누다 보면 정신 없이 바쁜 하루가 끝나고 끈끈한 유대감도 느끼게 될 거예요.

식비 절약하기

사람들은 패스트푸드가 집에서 요리해 먹는
것보다 싸다고 생각하는 경향이 있습니다.
하지만 그렇지 않습니다. 네 명이 맥도널드에서
패스트푸드를 먹으면 2만 5천원 정도가 들지요.
하지만 네 명이 슈퍼마켓에서 장을 봐서 식사를
만들어 먹으면 이보다 훨씬 적게 듭니다. 남은
재료를 다음 끼니에 사용할 수도 있어서 훨씬
절약이 되는 것은 두 말할 필요도 없고요.

학교 급식을 바꾸자!

청소년 시절의 생활에서 학교는 큰 부분을 차지합니다. 하루 칼로리의 3분의 1을 학교에서 섭취할 정도로 학교가 청소년들의 주된 삶의 장소이지요. 대부분의 학교에서는 영양사들이 균형 잡힌 급식 식단을 만들어 주지만 부실한 식단으로 문제가 되는 경우도 종종 있습니다. 채식 메뉴나 종교 등의 이유로 특별한 식단이 필요한 학생을 위한 메뉴도 찾기 힘들고요.

특히 미국의 경우 전통적인 학교 급식은 대개 나트륨과 지방 함량이 높고, 신선한 채소나 통곡물, 몸에 좋은 단백질은 포함되어 있지도 않아요. 이에 한 웹사이트에서는 미국 학생들에게 자신들의 학교 점심 급식 사진을 찍어 보내 달라는 운동을 벌였습니다. 그러자 기름에 튀긴 음식, 정체를 알 수 없게 생긴 고기, 잘게 찢어 살짝 익힌 산더미 같은 양배추 사진이 웹사이트에 올라왔지요.

이처럼 미국에서는 지난 몇 년 간 학교 급식을 개선하려는 노력이 있었지만, 좋아진 곳도 있고 그대로인 곳도 있습니다. 어떤 학교는 급식의 영양에 균형을 맞추고 감자칩이나 사탕을 신선한 과일로 바꿨더니 학생들이 불평했다고 말합

채식 메뉴가 필요해!

채식주의자가 되면 자신의 건강에도 좋고 사회에도
좋은 영향을 미치지만, 대신 사회 생활은 조금 힘들어질 수도
있습니다. 대부분의 학교 급식과 음식점에는 채식주의자가
먹을 만한 음식이 별로 없고, 사람들을 만나는 자리에 가면
상황은 더욱 힘들어집니다. 다들 고기를 먹는데 혼자만
고기를 먹지 않기란 어렵지요. 또 카레에 우유가 들어갔는지,
콩 부리토에 돼지비계가 들어갔는지, 김치볶음밥에 달걀이
들어갔는지 등을 물으면 학교 급식 담당자나 음식점 점원이
당황할 수도 있어요. 이런 가운데 미국의 몇몇 청소년
채식주의자들은 학교와 인터넷에서 서로 힘을 모아 학교
급식이나 지역 식당에 채식 메뉴를 포함시키자는 운동을
펼쳤습니다. 어떤 음식 체인점에 채식 메뉴가 있는지에 대한
정보를 알려 주는 웹사이트도 있어요.

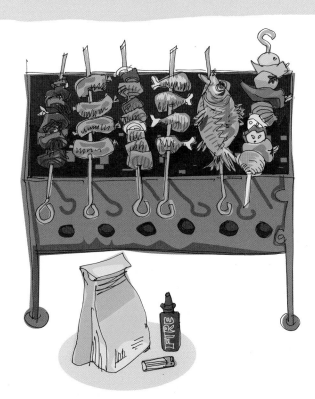

니다. 하지만 몇몇 학교는 큰 성공을 거뒀지요. 2013년 뉴욕 주의 한 초등학교는 전국에서 최초로 급식 메뉴를 모두 채식으로 바꿨습니다. 이 학교는 검은콩 퀘사디야와 구운 두부, 현미 등을 신선하게 조리해 점심 급식으로 제공합니다. 현재 90%의 학생이 도시락을 싸오는 대신 이 급식을 먹는다고 해요. 학교 관계자의 말에 따르면 급식의 메뉴를 채식으로 바꾼 뒤 학생들이 공부에 집중하는 시간이 늘었고 성적도 좋아졌다고 합니다.

요리사들 만세!

　미국에서 벌이고 있는 여러 가지 학교 급식 개선 운동 가운데서도 '쿠킹 업 체인지'는 무척 흥미롭습니다. 매년 미국 10개 도시의 대학 조리과 학생들이 한 끼니당 1달러(1,200원) 정도의 가격으로 맛있으면서도 영양가가 높은 창의적인 급식 메뉴를 만들어 내는 경쟁을 펼치지요. 우승팀은 수도인 워싱턴 D.C.로 초대받아 정책 담당자와 직접 만나고, 학교에서 건강한 음식을 더 많이 먹을 수 있게 하려면 어떤 변화가 필요한지 함께 논의해요.

2014년, 미국 캘리포니아 주 로스앤젤레스에서 안전성이 검증되지 않은 유전자에 대해 경각심을 알리는 팻말을 들고 길거리 행진을 벌이고 있는 사람들

건강한 먹거리를 향한 작은 발걸음

우리는 집과 학교 밖의 식품 문제에도 영향력을 끼칠 수 있어요. 지역 슈퍼마켓과 독립적으로 운영하는 음식점에서는 손님들의 의견에 귀를 기울일 거예요. 이런 상인들은 손님들이 만족하기를 바라기 때문이에요.

상대가 큰 규모의 회사나 단체라 해도 사람들이 큰 소리를 내어 의견을 전달하면 충분히 바뀔 수 있습니다. 가끔은 단 한 사람이 정말로 큰 변화를 만들어 내기도 하지요. 아직 어려서 투표권이 없는 청소년들이 식품 산업에 놀랄 만큼 큰 공헌을 했던 사례도 있습니다. 2014년, 미국 미시시피 주에 사는 17세 청소년 세라 캐버너는 에너지 음료에 브롬화 식물성 기름(BVO)을 사용하지 말라고 코카콜라와 펩시 사를 설득했습니다. 브롬화 식물성 기름은 신경계에 이상을 일으킬 수 있다는 이유로 많은 국가에서 금지하고 있는 재료이지요. 세라는 Change.org라는

웹사이트에서 청원 운동을 벌여 20만 명의 서명을 받았습니다. 결국 코카콜라와 펩시 사는 브롬화 식물성 기름을 다른 성분으로 대체했어요. 또 캐나다 고등학생 레이철 패런트는 모든 식품에는 유전자 변형 식품 여부를 꼭 표기해야 한다고 강한 목소리를 냈습니다. 이 학생은 전국으로 방영되는 텔레비전 방송에서 뉴스 리포터와 토론하기도 했어요. 또한 미국 버지니아 주

유전자 변형 식품 여부를 표기해야 한다는 운동을 강력하게 펼치고 있는 레이철 패런트

에서는 니나 곤잘레스라는 학생이 자신의 학교 식당에 채식 메뉴를 많이 포함해야 한다고 급식 담당자와 국가 보건 공무원을 설득했고, 국회에서 몸에 좋은 학교 급식에 대해 연설하기도 했습니다. 캘리포니아 주의 비브 샌더스는 자신이 사는 지역 공동체에서 신선한 식재료를 더 많이 공급할 수 있는 프로그램을 운영하도록 도왔지요.

이것은 청소년들이 어떤 식품을 먹고 싶은지, 앞으로 어떤 세상에서 살고 싶은지 목소리를 낸 여러 사례 가운데 일부일 뿐입니다. 여기에 더 많은 목소리가 더해진다면 얼마나 많은 것이 바뀔지 한번 상상해 보세요.

작은 것부터 실천하자

'완벽한 것이 꼭 좋은 것은 아니다'라는 말이 있습니다. 이상적인 것에 닿으려고 지나치게 욕심내다가 더 안 좋을 수도 있다는 이야기입니다. 식품에 대해서라면 더더욱 그렇지요.

유기농 방식으로 가까운 지역에서 수확했고, 가축은 자유롭게 방목했으며, 깨끗하게 가공된 맛 좋은 음식을 언제나 먹을 수 있다면 정말 좋을 것입니다. 하지만 대부분의 사람들은 그렇게 할 수가 없으니 욕심내지 말고 일상에서부터 한 걸음씩 실천해 나가는 것도 좋습니다. 값비싼 유기농 식재료를 구하지 못했더라도 일주일에 한 번 이상은 집에서 요리를 해 먹는 것만으로도 도움이 됩니다. 가능하다면 우리가 사는 지역에서 자라거나 키운 식품을 하나라도 더 사 먹고요. 인터넷 청원 운동에 서명하거나, 여러 운동에 대해 잘 읽어 보는 것도 가만히 있는 것보다는 낫지요. 이렇게 작은 것들을 한 번에 하나씩 실천해 나가면 머지않아 우리가 원하는 바를 이룰 수 있습니다.

192

음식을 대하는 우리의 자세

오늘날 사람들은 '잘 먹는다는 것'에 대해 관심이 많습니다.
하지만 장기간에 걸쳐 환경과 우리 건강에 좋지 않은 영향을 주는
방식으로 생산된 먹거리들이 여전히 많지요. 그래서 사람들은
여러 대안들을 실천하고 있습니다. 농부들이 직접 재배한 농작물을
시장에서 판매하기도 하고, 식품 배달 트럭이 신선한 지역 산물을
제공하기도 하지요. 패스트푸드 점에서는 몸에 좋은 메뉴를 팔기 시작했습니다.
또 슈퍼마켓 선반에는 유기농, 채식주의자용 식품,
알레르기 유발성 식재료를 뺀 식품 등이 등장했지요.
다양한 방식으로 식품 환경을 개선하기 위해 노력하는 단체들도 많습니다.
식품 사막이나 지속 가능성, 건강한 학교 급식 같은 주제는
이제 많은 사람들 입에 오르내리고 정치가들이 토론하는 문제가 되었어요.
이처럼 크든 작든, 세상은 바뀌고 있고 우리도 그 흐름의 일부가 될 수 있습니다.

농부들이 직접 생산한
식재료를 파는 가게에
찾아가거나, 학교 선생님을
설득해 지역 농장으로
반 전체가 현장 학습을
떠나 보세요.

몸에 더 좋고,
지역에서 생산된
유기농 식재료를 원한다고
학교 식당이나 지역 식당,
패스트푸드 점, 슈퍼마켓에
이야기해 보세요.
또 채식 메뉴를
늘려 달라고도
부탁해 보세요.

가장 심각하다고 느끼는 문제를
자세히 파고들어 공부하세요.
우리가 사는 지역에서 신선한
식품을 구하기 힘든 문제라든가,
축산업계의 동물 복지 문제 등
여러 가지가 있을 거예요.
그런 다음 서명 운동을 시작하거나
동참해 보고, 다른 방식으로도
참여해 보아요.

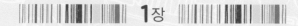 **1장**

Crosby, Alfred W. "Columbian Exchange: Plants, Animals, and Disease Between the Old and New World." The Encyclopedia of Earth, Feb/ 19, 2009, updated March 29, 2013. eoearth.org/view/article/151313

Dunn, Robb. "Human Ancestors Were Nearly All Vegetarian." Scientific American blogs, Jul. 23, 2012. blogs. scientificamerican.com/guest-blog/2012/07/23/human-ancestors-were-nearly-all-vegetarians/

Food and Agriculture Organization of the United Nations. "The State of Food Insecurity in the World 2014." fao.org/publications/sofi/en/

Gara, Tom. "Online Shopping Is Big. It's Also Tiny." Corporate Intelligence (blog), The Wall Street Journal online, Feb. 26, 2014. blogs.wsj.com/corporate_intelligence/2014/02/26/online-shopping-is-big-its-also-tiny/

Garber, Megan. "The 20 Most Significant Inventions in the History of Food and Drink." The Altantic online, Se 14, 2012. theatlantic.com/technology/archive/2012/09/the-20-most-significant-inventions-in-the-history-of-food-and-drink/262410

Government of Canada. "Food in Canada." Statistics Canada website.statcan.gc.ca/pub/16-201-x/2009000/part-partie1-eng.htm

Groceteria.com. "A Quick History of the Supermarket." groceteria.com/about/a-quick-history-of-the-supermarket/

"Historical Timeline—Farmers and the Land." Growing a Nation: The Story of American Agriculture (website). www.agclassroom.org/gan/timeline/farmers_land.htm

Kiple, Kenneth F. A Movable Feast: Ten Millennia of Food Globalization. Cambridge: Cambrige University Press, 2007.

Lacey, Richard W. Hard to Swallow: A Brief History of Food. Cambridge University Press, 2008.

Oliver, Lynne. "The Food Timeline." Last updated Se 21, 2004. foodtimeline.org

Rasmussen, Wayne D. "Origins of Agriculture." In Encyclopedia Britannica Online, last modified Mar. 17, 2014. britannica.com/EBchecked/topic/9647/agriculture

Steel, Caroly. "How Food Shapes Our Cities" (video). TED website, July 2009. ted.com/talks/carolyn_steel_how_food_shapes_our_cities.html

Thompson, Derek. "How America Spends Money: 100 Years in the Lide of the Family Budget." The Atlantic online, Apr. 5, 2012. theatlantic.com/business/archive/2012/04/how-america-spends-money-100-years-in-the-life-of-the-family-budget/255475

World Food Programme. "Hunger statistics." wforg/hunger/stats

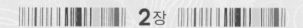 **2장**

Chea, Terence. "Michael Pollan, Farmers, & OCA Speak Out on 'Big Organic.'" Organic Consumers Association website, May. 30, 2006. organicconsumers.org/articles/article_586.cfm

CNN Staff. "FDA Hopes to Curb Antibiotic Use on Farms." CNN Health, Dec. 12, 2013. cnn.com/2013/12/11/health/fda-antibiotics-farms/

Environmental Working Grou "EWG's 2014 Shopper's Guide to Pesticides in Produce." ewg.org/foodnews/summary.php

Eshel, Gidon, Alon Shepon et al. "Land, Irrigation Water, Greenhouse Gas, and Reactive Nitrogen Burdens of Meat, Eggs, and Dairy Production in the United States." Proceedings of National Academy of Sciences 111, no. 33:11996–12001. doi: 10.1073/pnas.14-2183111.

Foer, Jonathan Safran. Eating Animals. New York: Little, Brown and Company, 2009.

Gerber, J., Steinfeld, et al. Tackling Climate Change Through Livestock: A Global Assessment of Emissions and Mitigation Opportunities (report). Rome: Food and Agriculture Organization of the United Nations, 2013. fao.org/docrep/018/i3437e/i3437e.pdf

Gibson, Stacey. "The Lives of Animals." U of T Magazine, Autumn 2010. magazine.utoronto.ca/feature/ethicsof—rasing—livetock—industrial—agriculture—animal—right—u—of—t/

Government of Canada. "Pesticides and Food." Health Canada website. last updated Jul. 2, 2013. hc—sc. gc.ca/cps—spc/pubs/pest/_fact—fiche/pesticide—food—alim/index—eng.php

Gurian—Sherman, Doug. CAFOs Uncovered: The Untold Costs of Confined Animal Feeding Operations. Union of Concerned Scientists website. Apr. 2008. ucsusa.org/assets/documents/food_and_ agriculture/cafos—uncovered—executive—summary.pdg

Hoffman, Irene. "Climate Change and the Characterization, Breeding and Consevation od Animal Genetic Resources." Animal Genetics 41 (Mau 2010), Suppl. 1: 32—46. doi: 10.1111/j.1365—2052.2010.02043.x.

The Humane Society of the United States. "Anti—Whistleblower Bills Hide Factory—Farming Abuses from the Public." Mar. 25, 2014. humanesociety.org/issues/campaigns/facroty_farming/fact—sheets/ag_gag. html#id=album—185&num=content—3312

James, Deborah. "Food Security, Farming, and the WTO and CAFTA." Global Exchange website. accessed Feb. 18, 2014. globalexchange.org/resources/to.agriculture

Kiernan, Bill. " Grass Fed Versus Corn Fed: You Are What Your Food Eats." Global AgInvesting website, Jul. 16, 2012. globalaginvesting.com/news/blogdetail?contentid=1479

Lang, Tim. "Food Industrialization and Food Power: Implications for Food Governance (report)." International Institute for Environment and Development, Natural Resources Group and Sustainable Agriculture and Rural Livelihoods Programme, Gatekeeper Series No. 114, June 2004. dlc.dlib.indiana.edu/□/ bitstream/handle/10535/6192/food%20industrialisation.pdf?sequebce=1

Levsseur, Joanne, and Vera—Lynn Kubinec. "Pesticide residue found on nearly half of organic produce." CBC News online, Jan. 8, 2014. cbc.ca/news/canada/manitoba/pesticide—residue—found—on— nearly—half—of—organic—produce—1.2487712

McKenna, Maryn. "Antibiotic—Resistant Bacteria Surround Big Swine Farms—In China as Well as the U.S." Superbug (blog), Wired online, Feb. 12, 2013. wired.com/wiredscience/2013/02/china—resistance— hogs/

MaKie, Robin. "How Myth of Food Miles Hurts the Planet." The Obsever, The Guardian online, Mar. 23, 2008. theruardian.com/environment/2008/mar/23/food.ethicalliving

Philpott, Tom. "How food processing got into the hands of a few giant companies." Grist, Apr. 27, 2007. grist. org/article/giants/

Pollan, Michael. "We Are What We Eat." Center for Ecoliteracy website. accessed Feb. 15, 2014. ecoliteracy. org/essays/we—are—what—we—eat

Rosner, Hillary. "Palm Oil and Scout Cookies: The Battle Drags On." Green (blog), The New York Times online, Feb. 13, 2012. green.blogs.nytimes.com/2012/02/13/palm—oil—and—scout—cookies—the— battle—drags—on/?_php=true&_type=blog&_php=true&_type=blogs&_r=1

Siebert, Charles. "Food Ark." National Geographic online, July. 2011. ngm.nationalgeographic.com/2011/07/ food—ark/siebert—text/1

Simon, David Robinson. Meatonomics. San Francisco: Conari Press, 2013.

Starmer, Elanor. "Corporate Power on Livestock Production." The Agribusiness Accountability Initiative, Leveling the Field—Issue Brief1 (nesletter). ase.tufts.edu/gdae/Pubs/rp/AAI_Issue_Brief_1_3.pdf

Stuckler, David, and Marion Nestle. "Big Food, Food Systems, and Global Health." PLoS Medicine 9(6): E1001242 (Jun. 19, 2012). doi:10.1371/journal.pmed.1001242.

Tidwell, James H., and Geoff L. Allan. "Fish as Food: Aquaculture's Contribution." EMBO Re 2, no. 11 (Now. 15, 2001): 958—963. doi: 10.1093/embo—reports/kve236

Vancouver Auarium. "Sustainable Seafood." Ocean Wise. oceanwise.ca/about/sustainable—seafood

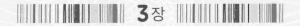

3장

"The Big Fat Truth About Fat." O Magazine online, Mar. 2004. oprah.com/omagazine/The—Big—Fat—Truth— About—Fat/

Centers for Disease Control and Prevention. "Childhood Obesity Facts." CDC website, Aug. 13, 2014. cdc. gov/healthyouth/obesity/facts/htm

Chen, Linda. "The Old And Mysterious Practice Of Eating Dirt, Revealed." The Salt (blog), NPR online, Apr. 2, 2014. npr.org/blogs/thesalt/2014/04/02/297881388/the-old-and-mysterious-practice-of-eating-dirt-revealed

Cohen, Rich. "Sugar." National Gerographic online, Aug. 2013. ngm.nationalgeographic.com/2013/08/sugar/cohen-text

European Food Information Council. "Understanding Scientific Studies." EUFIC website, Jan. 2008 eufic.org/article/en/page/RARCHIVE/expid/Understanding-scientific-studies/

Grant, Kelly. "WHO to Propose Lower Recommended Daily Limit for Sugar Intake." The Globe and Mail online, Mar. 4, 2014. theglobeandmail.com/news/national/who-to-work-on-loweing-recommended-daily-limit-for-sugar-intake/article17311412/

Goopman, Jerome. "The Peanut Puzzle." The New Yorker, Feb. 7, 2001, 26-30.

Havard School of Public Health. "Healthy Eating Pate & Healthy Eating Pyramid." The Nutririon source, accessed Mar. 4, 2014, hsph.havard.edu/nutririonsource/healthy-eating-plate/

Johnson, Patrick. "Obesity: Epidemic or Myth?" Skeptical Inquirer 29.5 (Sep-Oct. 2005), csicoorg/si/show/obesity_epidemic_or_myth/

Knapton, Sarah. "Saturated Fat Is Not Bad for Health, Says Heart Expert." The Telegraph online, Mar. 6, 2014, telegraph.co.uk/health/healthnews/10679227/Saturated-fat-is-not-bad-for-health-says-heart-expert.html

Langlois, Kellie, and Didier Garriguet. "Sugar Consumption Among C뭄야문 of All Ages." Stastics Canada Health Reports 22, no. 3 (Feb. 18, 2014), statcan.gc.ca/pub/82-003-x/2011003/article/11540-eng.htm

Levinovitz, Alan. "Hold the MSG." Slate, Jul. 9, 2013, slate.com/article/health_and_science/medical_examiner/2013/07/msg_and_gluten_intolerance_is_the_nocebo_effect_to_blame.html

Mosby, Ian. Food Will Win the War: The Politics, Culture, and Science of Food on Canada's Home Front. Vancouver: UBC Press, 2014.

Nagler, Rebekah H. "Adverse Outcomes Associated With Media Exposure to Contradictory Nutrition Messages." Journal of Health Communication19, no. 1 (2014): 24-40.doi: 10.1080/10810730.2013.798384.

Nestle, Marion. Food Politics: How the Food Industry Influences Nutririon and Health (revised edition). Berkeley: University of California Press, 2013. First published 2002.

PBS Frontline. Diet Wars. PBS website, Apr. 8, 2004, pbs.org/wgbh/pages/frontline/shows/diet/

Schwartz, Daniel. "The Politics of Food Guides." CBS News online, Jul. 30, 2012, cbc.ca/news/health/the-politics-of-food-guides-1.1268575

Szabo, Liz. "Diabetes Rates Skyrocket in Kids and Teens." USA Today online, May. 3, 2014. usatoday.com/story/news/nation/2014/05/03/diabetes-rises-in-kids/8604213/

Weintraub, Karen. "Should We Eat Meat?" The Boston Globe online, Se 9, 2013, bostonglobe.com/lifestyle/health-wellness/2013/09/08/evidence-shows-that-cutting-down-our-meat-consumption-would-good-for-why-don/YIFTosUr4Gesg2lLDoSwxK/story.html

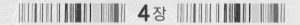

4장

Chen, Adrian. "We Drank Soylent, The Weird Food of the Future." Gawker, May. 29, 2013, gawker.com/we-drank-soylent-the-weird-food-of-the-future-510293401

Coghlan, Andy. "What's the Beef? Cultured Meat Remains a Distant Dream." New Scientist online, Aug. 6, 2013, newscientist.com/article/dn23996-whats-the-beef-cultured-meat-remains-a-distant-dream.html?full=tru#.UnglD-Be-aA

Contois, Emily. "Curating the History of American Convenience Cuisine." Emily Contois (blog), Oct. 4, 2012, emilycontois.com/2012/10/04.curating-the-history-of-american-convenience-cuisine/

Delano, Maggie. "Roundup Ready Crops: Cash Crop or Third World Savior?" Massachusetts Institute of Technology website, 2009, web.mit.edu/demoscience/Monsanto/impact.html

Landau, Elizabeth. "Subway to Remove 'Dough Conditioner' Chemical from Bread." CNN Health, Feb. 17,

2014, cnn.com/2014/02/06/health/bubway-bread-chemical/index.html?c&page=2

McCann, Donna, Angelina Barret, et al. "Food Additives and Hyperactive Behaviour in 3-Year-Old and 8/9-Year-Old Children in the Community: A Randomised, Double-Blinded, Placebo-Controlled Trial." The Lancet 370, no. 9598 (Nov. 3, 2007): 1560-67. doi:10.1016/S0140-6736(07)61306-3.

Moss, Michael. Salt, Sugar, Fat: How the Food Giants Hooked Us. Toronto: McClelland & Stewart, 2013

Pollan, Michael. "Some of My Best Friends Are Germs." The New York Times Magazine, May. 15, 2914, nytimes.com/2014/05/19/magazine./say-hello-to-the-100-trillion-bacteria-that-make-up-your-microbiome.html?hp&_r=o

Popovich, Nadja. "Before Soylent: A Brief History of Food Replaements." The Guardian online, Feb. 5, 2014, theduardian.com/lifestyle/2014/feb/05/before-soylent-brief-history-food-replacements

Snopes.com. "Aspartame." Feb. 2, 2010, snopes.com/medical/toxins/aspartame.asp—. "The Dangers of Splenda." Jan. 20, 2014, snopes.com/medical/toxins/splenda.asp

Weeks, Carly. "Is Artificial Food Colouring Really Unsafe? The Jury Is Still Out." The Globe and Mail online, Se 17, 2013, theblobeandmail.com/life/health-and-fitness/health/is-artificial-food-colouring-really-unsafe-the-jury-is-still-out/article14351106

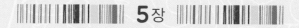

5장

Barnes, Robert. "Court to Determine 조at Constitutes Pomegranate Juice." The Washington Post online, Apr. 21, 2014, washingtonpost.com/politics/court-to-determine-what-constitutes-pomegranate-juice/2014/04/21/e4abc87a-c996-11e3-93eb-6coo377dde3ad_story.html?utm_source=nextdraft&utm_medium=email

Beacham, Tom. "Globalization and the 'Fast Food' Industry." Centre for Research on Globalization, Jan. 4, 2014, glbalresearch.ca/globalization-and-the-fast-food-industry/5363703

Berkeley Media Studies Grou "The New Age of Food Marketing: How Companies are Targeting and Luring Our Kids—and What Advocates Can Do About It." Oct. 1, 2011, bmsg.org/resources/publications/the-new-age-of-food-marketing

Burns, Grainne. "Yogurt: The Most Versatile Grocery Aisle Product." Marketing Magazine, Mar. 7, 2014, marketingmag.ca/news/marketer-news/yogurt-the-most-versatile-grocery-aisle-product-103040

Canadian Food Advertising Agency. "Food Labelling and Advertising." inspection.gc.ca/food/labelling/eng/1299879892810/1299879979872

Center for Science in the Public Interest. "7UP Drops' All-Natural' Claim." Jan. 12, 2007, cspinet.org/new/200701121.html

—. "Food Labelling." Accessed Mar. 16, 2014, cspinet.org/foodlabeling

Klein, Ezra. "Michael Pollan Thinks Wall Street Has Way Too Much Influence Over What We Eat." Vox, Apr. 23, 2014, vox.xom/2014/4/23/5627992/big-food-michael-pollan-thinks-wall-street-has-way-too-much-influence?utm_source=nextdraft&utm_medium=email

Wansink, B. & K. Van Ittersum (2012). "Fast Food Restraurant Lighting and Music Can Reduce Calori Intake and Increase Satisfaction." Psychological Reports: Human Resources & Marketing 111, no. 1: 1–5.

Yale Rudd Center for Food Poilcy and Obesity. Fast Food F.A.C.T.S. 2013: Measuring Progress in Nutrition and Marketing to Children and Teens, fastfoodmarketing.org/media/FastFood-FACTS_Report_Summary.pdf

6장

BBC News Asia. "School Meal Kills at Least 22 Children in India's Bihar State." Jul. 17, 2013, bbc.co.uk/news/world-asia-23339789

Bottemiller Evich, Helena. "The Plot to M만 Big Food Pay." Politico, Feb. 12, 2014, politico.com/story/2014/02/food-industry-obesity-health-care-costs-103390.html

Cohen, Adam. "100 Years Later, the Food Industry Is Still 'The Jungle.'" The New York Times online, Jan. 2,

2007, nytimes.com/2007/01/02/opinion/o2tue4.html?ref=uptonsinclair

Food and Drug Administraion. "Bisphenol A (BPA): Use in Food Contact Application." Accessed Mar. 20, 2014, fda.gov/NewsEvents/PublicHealthFocus/ucm064437.html

Government of Canada. "Bisphenol A." Health Canada website, accessed Mar. 20, 2014, hc-sc.gc.ca/fn-an/securit/packag-emball/bpa/index-eng.php

Grynbaum, Michael. "New York's Ban on Big Sodas Is Rejected by Final Court." The New York Times online, Jun. 26, 2014, nytimes.com/2014/06/27/nyregion/city-loses-final-appeal-on-limiting-sales-of-large-sodas.html

Weeks, Carly. "Beverage Branding Gives Energy Drinks Undeserved Stamp of Approval, Critic Says." The Globe and Mail online, Mar. 20, 2013, theglobeandmail.com/liife/health-and-fitness/health/beverage-branding-gives-energy-drinks-undeserved-stamp-of-approval-critic-says/article10032783/

Zuraw, Lydia. "Reactions Vary to USDA's Poultry Inspection Rule." Food Safety News, Aug. 1, 2014, foodsafetynews.com/2014/08/groups-react-to-final-poultry-inspection-rule/#.VCnKOChbkTM

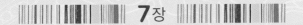 **7장**

DeMarban, Alex. " Local Alaska Foods Make Way Into School Lunch Menus." Alaska Dispatch News, Nov. 8,2012, alaskadispatch.com/article/local-alaska-foods-make-way-school-luch-menus

DoSomething.org. "Fed U" fedudosomthing.org/fedup

Health Canada. Measuring the Food Environment in Canada. 2013, hc-sc.gc.ca/fn-an/nurtrition/pol/index-eng.php

Karstens-Smith, Gemma. "Toronto Food Truck Brings Nutritious Produce to Needy Communities." Toronto Star, Dec. 1, 2013, thestar.com/news/gta/2013/12/01/toronto_food_fruck_brings_nutritious_produce_to_needy_communities.html

Klenin, Debra A. "The Foraging Wars: Extreme Eating Hits California." The Daily Beast, Jan. 31, 2014, the dailybeast.com/articles/2014/01/31/the-foraging-wars-extreme-eating-hits-california.html

Rbeler, Katrina. "'Rnegade Gardener' Plots World Domination Through Home-G개주 Veggies." Yes! online, Jul. 30, 2013, yesmagazine.org/people-power/gardening-is-gangsta-an-interview-with-urban-gardener-ron-finley

Salibury, Peter. "Behind the Brand: McDonald's" The Ecologist, Jun. 16, 2011, theecologist.org/green_green_living/behind_the_label/941743/behind_the_brand_mcdonalds/html

Sifferlin, Alexandra. "Can 'Pop-Up' Grocery Stores Solve the Problem of Food Deserts?" Time online, Jul. 24, 2012, healthland.time.com2012/07/24/can-pop-up-grocery-stores-solve-the-problem-of food-deserts/

Takepart.com A Place at the table: One Nation. Underfed. takepart.com/place-at-the-table

Trapasso, Claire. "Queens School That Went Vegetarian Shows Student Gains, Draws Plaudit." New York Daily News online, Oct. 15, 2013, nydailynews.com/new-york/queens/vegging-better-school-article-1,1486681#ixzz2va8nXoip

United States Department of Agriculture. "Food Access Research Atlas." ers.usda.gov/Data/FoodDesert/#.VCnPJihbkTM

사진 출처

17쪽 동굴 벽화 _ Yuttasak Jannarong / Sutterstock.com

19쪽 경작하는 모습의 고대 이집트 그림 _ The Yorck Project 제공
(공공 저작물)

22쪽 휴작 중인 땅 _ Jose Ramiro Laguna / Sutterstock.com

26쪽 경작기 _ Library of Congress, Prints and Photographs Division
제공(LC-USZ62-377710)

29쪽 통조림 공장 _ Library of Congress, Prints and Photographs
Division 제공(LC-USF34-030245-D)

30쪽 농약 살포 비행기 _ Rocky33 / Sutterstock.com

34쪽 피글리 위글리 식료품점 _ Library of Congress, Prints and
Photographs Division 제공(LC-USZ62-62287)

38쪽 프레드 메이어 마트 _ Joshua Rainey Photography /
Sutterstock.com

45쪽 콩 수확하는 모습 _ AFNR / Sutterstock.com

47쪽 텃밭에서 수확한 당근 _ Labrynthe / Sutterstock.com

49쪽 곰팡이균에 감염된 감자 _ Agricultural Research Service,
United States Department of Agriculture 제공(공공 저작물)

50쪽 사과 _ Debra Millet / Sutterstock.com

51쪽 텃밭에서 수확한 토마토 _ Kajzr / Sutterstock.com

52쪽 얼어붙은 양배추 _ dailin / Sutterstock.com

53쪽 살충제 뿌리는 농부들 _ sakhorn / Sutterstock.com

55쪽 DDT 뿌리는 미국 군인들 _ CDC / Science Photo Library

62쪽 미국에서 일하는 멕시코 농부들 _ Richard Thornton /
Sutterstock.com

63쪽 미국 뉴욕 유니온 스퀘어 그린마켓 _ littleny / Sutterstock.com

65쪽 비닐하우스에서 일하는 농부 _ Kingarion / Sutterstock.com

66쪽 소 농장 _ AFNR / Sutterstock.com

68쪽 부화기 속 병아리들 _ branislavpudar / Sutterstock.com

69쪽 방목해서 기른 닭 _ Jon Beard / Sutterstock.com

70쪽 운송되는 돼지들 _ Trowaiphoto / Sutterstock.com

72쪽 음식 먹는 소녀 _ szefei / Sutterstock.com

73쪽 양식장 _ Sukpaiboonwat / Sutterstock.com

75쪽 새끼 상어 _ Andreas Altenburger / Sutterstock.com

78쪽 쓰레기통을 뒤지는 사람 _ Roman23 / Sutterstock.com

83쪽 비트 _ Valentina Razumova, 호두 _ domnitsky, 닭다리 _
amenic181, 딸기 _ Alex Staroseltsev, 새우 _ Jelly / Sutterstock.
com

84쪽 설탕 조각 _ Nils Z / Sutterstock.com

85쪽 돋보기 _ Vitaly Korovin / Sutterstock.com

86쪽 혈당 체크하는 사람 _ bikeriderlondon / Sutterstock.com

93쪽 샌드위치 먹는 소녀 _ wavebreakmedia / Sutterstock.com

95쪽 감자튀김 _ johnfoto18 / Sutterstock.com

96쪽 진흙 _ Ultrashock / Sutterstock.com

103쪽 소세지와 햄 _ Mariuszjbie / Wikimedia Commons

112쪽 간편 식품 _ mikeledray / Sutterstock.com

114쪽 군대 식량 _ dabjola / Sutterstock.com

115쪽 곰팡이 핀 빵 _ Patchanee Samutarlai / Sutterstock.com

116쪽 치즈 과자 _ 7505811966, 옥수수 과자 _ Bryan Solomon /
Sutterstock.com

117쪽 우유 탱크 _ Baloncici / Sutterstock.com

119쪽 식품 매장의 고기 코너 _ Niloo / Sutterstock.com

123쪽 감자 과자 _ Olgysha / Sutterstock.com

124쪽 알약 든 병 _ Vucicevic Milo, 알약 _ marylooo / Sutterstock.
com

127쪽 실험실 고기 _ Alexo11973 / Sutterstock.com

128쪽 유전자 변형 식품 관련 마크 _ 19srb81 / Sutterstock.com

135쪽 닭튀김 _ Pigprox / Sutterstock.com

136쪽 텔레비전 틀 _ BortN66 / Sutterstock.com, 캘리포니아 건포도들
방송 장면 _ AF archive / Alamy

137쪽 퀘이커오츠 오트밀 광고 _ Glasshouse Images / Alamy

139, 140, 142쪽 다양한 표시의 도장들과 도장이 찍힌 달걀 _ Jason
Winter / Sutterstock.com

144쪽 망토 두른 청소년 _ Tom Wang, 케일 잎 _ JKB Stock /
Sutterstock.com

146, 148쪽 아이콘 _ nubenamo / Sutterstock.com

157쪽 식품 검사관 _ bikeriderlondon / Sutterstock.com

162쪽 물병 _ Joyce Vincent / Sutterstock.com

163쪽 슬러시 음료 기계 _ studio2013 / Sutterstock.com

172쪽 호박 들고 있는 소녀 _ Amy Myers / Sutterstock.com

174쪽 식당 간판 _ cdrin / Sutterstock.com

177쪽 알래스카 연어 _ George Burba / Sutterstock.com

178쪽 버섯 채취하는 소녀 _ Piotr Wawrzyniuk / Sutterstock.com

179쪽 튀긴 타란툴라 거미를 파는 여자 _ meunierd / Sutterstock.com

181쪽 방울양배추를 들고 있는 소년 _ littleny / Sutterstock.com

182쪽 론 핀리 _ Stephen Zeigler

184쪽 고속도로 식당 안내 간판 _ American Spirit / Sutterstock.com

186쪽 학교 급식 _ L Barnwell / Sutterstock.com

189쪽 '쿠킹 업 체인지' 운동 참여 요리사들 _ Healthy Schools
Campaign 제공

190쪽 유전자 변형 식품 항의 시위 _ betto rodrigues

191쪽 레이철 패런트 _ Kids Right to Know 제공

Le Pont de NORMANDIE

과학 원리로 재밌게 풀어 본

건축물의 구조 이야기

강을 가로지르는 다리, 아슬아슬하게 우뚝 서있는
가느다란 탑, 층층이 무게를 견디며 서 있는 빌딩까지.
그 속에 숨겨진 과학의 원리를 찾아 떠나는 세계 건축 여행!

우리는 의자, 탁자, 육교, 다리, 빌딩 등 친숙한
것에서부터 색다른 것에 이르기까지 다양한 크기의
사물을 매일 접하면서 자연스럽게 '구조에 대한 직관'
을 가지게 되었습니다. 하지만 책상의 상판이 떨어지지
않고 버틸 수 있는 이유, 의자가 우리의 몸을 지탱해줄
수 있는 이유 등 그 속에 숨어 있는 과학적 원리에
대해서는 생각해보지 않습니다. 『과학 원리로 재밌게
풀어 본 건축물의 구조 이야기』에서는 늘 접하는
의자와 탁자부터 다리, 빌딩에 이르기까지 다양한
사물과 세계의 걸작 건축물의 구조를 들여다보며 그
속에 어떤 과학 원리가 담겨 있는지 알아보는 세계
건축 여행을 떠나게 될 것입니다.

미셸 프로보스트 · 다비드 아타 글 |
필리프 드 케메테르 그림 |
김수진 옮김 | **192**쪽 | 값 12,000원

• 2013 한국출판문화산업진흥원 이달의 읽을 만한 책
• 2015 한국도서관저널 과학책 365 추천

물리와 친해지는
1분 실험

사마키 다케오 지음 | **조민정** 옮김 |
최원석 감수 | **248**쪽 | 값 13,000원

누구나 따라할 수 있는 1분 실험으로
소리의 진동, 압력, 대기압, 관성 법칙, 자석의 성질까지,
어렵고 복잡해 보이는 물리와 친해진다!

우리는 더울 때 부채질을 하고, 냉장고에서 시원한
음료수를 꺼내 병따개로 따서 마른 목을 축이기도
합니다. 또 냉장고에 잊지 말아야 할 것들을 써서
자석으로 붙여 놓기도 하지요. 이러한 모습은 우리가
늘 겪는 평범하고 일상적인 상황이지만 사실 이
속에는 물리의 법칙들이 숨어 있습니다. 하지만 우리는
자신이 보고, 듣고, 겪는 행동들이 정작 물리와 관련된
것이라고 생각하지 못하고, 물리를 그저 어렵고 복잡한
것이라고만 생각합니다. 『물리와 친해지는 1분 실험』
에서는 쉽고 간단한 실험들을 통해 우리가 일상에서
마주하는 물리의 법칙들을 들여다봅니다. 그러다
보면 어느새 물리와 친해져 있는 자신을 발견하게 될
것입니다.

• 2014 한국도서저널 추천
• 2015 행복한 아침독서 선정

괴짜 물리학자에게 듣는
유쾌한 우주 강의

다다 쇼 지음 | **조민정** 옮김 |
정완상 감수 | **336**쪽 | 값 15,000원

우주에 대한 궁금증을
괴짜 물리학자의
유쾌한 강의로 풀어 본다!

최근 우리는 다양한 매체 속에서 지구 너머 미지의
세계에 대한 이야기를 쉽고 익숙하게 접하고 있습니다.
하지만 우리가 상상하는 세계는 아주 일부일 뿐이지요.
이 책에서는 여전히 미지의 세계로 남아 있는 우주의
비밀을 소립자 물리학으로 풀어 봅니다. 하지만 단순히
우주에 대한 물리책이 아니라 이 책에서는 '인류가
우주를 알려고 노력한 과정과 그 과학적 사고방식'
을 다루고 있습니다. 지금도 많은 사람들이 비밀을
풀기 위해 노력하고 있는 그 미지의 영역, 우주에는
어떤 이야기가 담겨 있는 걸까요? 이 모든 우주의
수수께끼를 유쾌한 우주 강의를 통해 알아갑니다.

• 2014 학교도서저널 도서추천위원회 올해의 책
• 2015 경기도 학교도서관 사서협의회 추천
• 2015 한국도서저널 과학책 365 추천
• 2015 창의재단 우수과학 도서